Rainer Strätz / Helga Demandewitz

Beobachten

Anregungen für Erzieherinnen im Kindergarten

hg. vom Sozialpädagogischen Institut NRW –
Landesinstitut für Kinder, Jugend und Familie

VOTUM

Ihre Wünsche, Kritiken und Fragen richten Sie bitte an:
Verlagsgruppe Beltz, Fachverlag Soziale Arbeit, Erziehung und Pflege,
Werderstraße 10, 69469 Weinheim.

Anschrift des Herausgeber:
Sozialpädagogisches Institut NRW – Landesinstitut für Kinder, Jugend und Familie –
Postfach 103141, 50471 Köln, eMail: poststelle@spi.nrw.de, http://www.spi.nrw.de

ISBN 3-407-55941-0

Programm BeltzVotum, Weinheim
4. Auflage 2000

03 04 05 06 07 5 4 3

Herstellung: Ulrike Poppel, Weinheim
Druck und Bindung: Druckhaus „Thomas Müntzer“, Bad Langensalza/Thüringen
Umschlaggestaltung: KJM Werbeagentur, Münster
Printed in Germany

Weitere Informationen finden Sie im Internet unter http://www.beltz.de

Vorwort

Vom Kindergarten wird erwartet, dass er bei seiner Arbeit die Bedürfnisse, Neigungen und Fähigkeiten der Kinder oder – umfassender – die Lebenssituation eines jeden Kindes berücksichtigt. Diese Forderung wird heute allgemein vertreten, sie stellt die Erzieherin vor die Aufgabe, sich darum zu bemühen, die Gruppe und die ihr anvertrauten Kinder immer besser zu kennen und verstehen zu lernen. Dabei wird sie auch Informationen von außen berücksichtigen, z. B. solche, die sie aus Gesprächen mit Eltern gewinnt. Im Wesentlichen ist die Erzieherin aber auf ihre eigene Wahrnehmung angewiesen. Sie muss die einzelnen Kinder und das Geschehen in der Gruppe aufmerksam beobachten und ihre Beobachtungen für ihre Arbeit auswerten. Dabei kann sie kaum einmal die Position des außenstehenden Beobachters einnehmen. Sie ist vielmehr in der Regel bei ihren Beobachtungen mit vielfältigen Pflichten in das Gruppengeschehen eingebunden.

Wichtig und entscheidend – auch wichtiger als technische Hilfsmittel, die ergänzend noch nützlich sein können – ist dabei, dass die Erzieherin

- das einzelne Kind und seine Belange sieht,
- einen Blick auf aufschlussreiche Situationen und unvermutete Entwicklungen gewinnt,
- sich selbstkritisch bemüht, die bisherigen Eindrücke immer wieder zu korrigieren und in Frage zu stellen,
- die Fähigkeit entwickelt, das Beobachtete auch sprachlich treffend wiederzugeben, um den eigenen Blick- und Standpunkt mit Kolleginnen, Beratern oder Eltern besprechen und mögliche Folgerungen und Vorgehensweisen diskutieren zu können.

Das Sozialpädagogische Institut – Landesinstitut für Kinder, Jugend und Familie – hat im Rahmen seiner Aufgabe, Arbeitsgrundlagen für die Kindergartenpraxis zu entwickeln, das Thema „Beobachten“ aufgegriffen. Die hier vorgelegte Arbeit, die das Beobachten unter Praxisbedingungen erörtert und dabei immer wieder auf Praxisbeispiele Bezug nimmt, soll Erzieherinnen bei ihrer verantwortungsvollen Aufgabe „Beobachten“ unterstützen, indem Wege aufgezeigt, Sichtmöglichkeiten vermittelt und Zusammenhänge diskutiert werden.

Für die vierte Auflage wurden die Abschnitte 2 bis 5 überarbeitet und erweitert.

Dr. J. Rolle
Leiter des Sozialpädagogischen Instituts NRW
– Landesinstitut für Kinder, Jugend und Familie –

Inhalt

Einleitung

Eine Erzieherin muss wissen, was in ihrer Gruppe vorgeht. Nur wenn sie die Eigenarten, Interessen, Bedürfnisse und Fähigkeiten jedes einzelnen Kindes kennt, kann sie das Geschehen in ihrer Gruppe aktiv, geplant und förderlich gestalten.

Marina sitzt im Gruppenraum auf einem kleinen Teppich. Sie hat sich ein Würfelspiel geholt, bei dem die Teilnehmer reihum so viele Holz'kirschen' auf einen 'Baum' legen dürfen, wie sie Augen gewürfelt haben. Jens setzt sich zu Marina. Diese beginnt, Kirschen aus der Schachtel zu nehmen und auf den Teppich zu legen.
In diesem Augenblick betritt Martin, der sich im Nebenraum mit Legosteinen beschäftigt hat, den Gruppenraum. Die Erzieherin fragt ihn, ob er zusammen mit Marina und Jens das Kirschenspiel spielen würde. Martin ist einverstanden, ebenso die beiden jüngeren Kinder.
Nach zehn Minuten ist das Spiel beendet, die Kinder räumen auf. Marina und Jens werden von der Erzieherin an den Tisch geholt, an dem sie andere Kinder beim Falten und Kleben anleitet. Martin verschwindet wieder im Nebenraum.

Alltagsgeschehen, Kleinkram – nichts Bemerkenswertes, oder?

Aus den Augenwinkeln hatte die Erzieherin, die mit anderen Kindern am Tisch saß, registriert, was bei Marina und Jens vor sich ging. Sie wusste, dass besonders Marina das Kirschenspiel gern hatte, aber sie konnte sich des Eindrucks nicht erwehren, dass es jetzt zu keinem Spiel kommen würde. Lediglich die Kirschen würden wahrscheinlich auf dem Boden verstreut werden.
In diesem Moment tauchte Martin auf, ein meist ruhiger, umgänglicher Junge, der sich häufig – in den Augen der Erzieherin manchmal zu häufig – allein beschäftigte. Als die Erzieherin diese Gelegenheit beim Schopf ergriff, wusste sie, was geschehen würde:

Martin würde ihre Bitte ebensowenig abschlagen wie die beiden Kleinen. Er würde Geduld mit ihnen haben und das gemeinsame Spiel anleiten und beenden. Er würde sich von anderen Kindern nicht ablenken und aus dem Spiel herausholen lassen wie vielleicht Thomas. Marina und Jens würden es ihrerseits Martin nicht allzu schwer machen. Sie würden sich einordnen und an die Regeln halten, anders als etwa Georg, mit dem ein solcher Versuch wahrscheinlich schiefgehen würde. Natürlich wusste die Erzieherin, dass sie die Situation nicht überstrapazieren durfte, und löste deshalb nach zehn Minuten die Dreiergruppe wieder auf.

Nichts Spektakuläres wird geschildert, kein erzieherischer Kraftakt, kein Großprojekt. Einer Erzieherin ist 'nur' eine Situation aufgefallen, bevor sie wirklich auffällig wurde. Sie hatte 'nur' im Lauf der Zeit so viel Wissen über die Kinder ihrer Gruppe erworben, dass sie die Situation produktiv gestalten konnte. Beides ist mit dem Begriff 'Beobachten' gemeint: Die Erzieherin muss nicht nur aufmerksam registrieren, was in ihrer Gruppe geschieht, auch wenn es nicht in ihrer unmittelbaren Nähe passiert, sie muss zudem ihre Eindrücke gedanklich verarbeiten, d. h. zu ihren bisherigen Wahrnehmungen und Urteilen sowie zu ihren pädagogischen Zielen in Beziehung setzen. Sie muss sich selbstkritisch nach möglichen Einseitigkeiten und Unschärfen in ihrer Wahrnehmung fragen. Sie muss sich fragen, was ihr noch unklar ist und worauf sie deshalb bei der nächsten Gelegenheit achten soll.

Beobachten ist keine besondere Maßnahme für vereinzelte Problemsituationen, sondern Bestandteil des erzieherischen Alltags. Wie ein stetiges Sammeln, Prüfen und Ordnen von Wahrnehmungen und Eindrücken aussehen kann, welche Chancen und welche Probleme damit verbunden sind, soll im Folgenden näher beleuchtet werden.

Das Buch hätte nicht entstehen können ohne die Bereitschaft von Erzieherinnen, einen fremden Beobachter nicht nur wie selbstverständlich in der Einrichtung zu dulden, sondern ihm auch bereitwillig und ausführlich ihre Ziele und Vorgehensweisen zu erläutern, ihm fachkundige erzieherische Praxis zu demonstrieren und ihm Hinweise auf fruchtbare Beobachtungsgelegenheiten zu geben.

Der Text ist durch Fachberaterinnen, Erzieherinnen, Kolleg(inn)en am Institut und Lehrerinnen, die in der Ausbildung von Erzieherinnen tätig sind, bereichert und verbessert worden. Sie gaben Ratschläge zum Aufbau der Darstellung, steuerten Beobachtungsbeispiele bei, machten auf weitere Gesichtspunkte aufmerksam oder wiesen auf Literatur hin.

Dank gilt in erster Linie Frau S. Stahns, Frau A. Thömmes, Frau H. Bloemer-Rondé und K. Haucke; S. Bourgeois, S. Wilhelm und A. Reith gaben wertvolle Hinweise für die Überarbeitungen.

1. Beobachten - wozu?

Beobachten ist oft mühsam und zeitraubend. Manche Vorschläge, die im 3. und 4. Kapitel gemacht werden, sehen vor, dass die Erzieherin Aufzeichnungen anfertigt und evtl. mit Kolleginnen bespricht, oder dass sie Beobachtungsphasen vorbereitet. Intensives Beobachten kann auch zu Lasten der wenigen Minuten gehen, in denen eine Erzieherin sich aus dem Gruppengeschehen zurückziehen und 'Luft holen' könnte. Deshalb ist es notwendig, gleich zu Beginn zu erläutern, aus welchen Gründen Beobachten für die erzieherische Praxis notwendig bzw. nützlich ist:

(1) Die Erzieherin muss auf die Kinder ihrer Gruppe individuell eingehen können.

Kindergartenkinder lassen sich nicht über einen Kamm scheren. Das eine muss ermuntert werden, wo das andere eher gebremst werden müßte. In einer Spielgruppe wird sich das eine Kind mühelos behaupten, das andere bald an den Rand abgeschoben sein. Ein und dieselbe Verhaltensweise kann bei dem einen Kind einen Fortschritt, bei dem anderen einen Rückschritt darstellen. Deshalb wird die Erzieherin, die ihr Vorgehen plant oder Rückschau hält, kaum einmal sagen: „Ich will bei *allen* Kindern...". Statt dessen wird sie sagen: „Bei *diesem* Kind will ich..., bei *jenem* dagegen will ich...". Um so vorgehen zu können, muss sie die Eigenarten, Interessen und Fähigkeiten der einzelnen Kinder möglichst genau kennen und dies setzt intensive und fortdauernde Beobachtungen voraus.

Wie kaum eine andere Einrichtungsform bietet der Kindergarten die Möglichkeit, Kinder individuell zu betreuen und zu fördern. Das bedeutet nicht, dass die erzieherischen Ziele willkürlich oder beliebig wären; sie ergeben sich, indem die Erzieherin feststellt, was das einzelne Kind braucht.

(2) Die Erzieherin muss Veränderungen und Entwicklungen in den Persönlichkeiten der Kinder feststellen können.

▶ Vier Kinder spielen am Sandkasten. Sie klettern nacheinander auf die Umrandung, laufen darauf ein paar Meter und springen dann hinunter in den Sand. Danach laufen sie wieder zu der Stelle, an der man leicht auf die Umrandung klettern kann. Die Erzieherin fragt einen Besucher, ob ihm am Verhalten von Sabine etwas auffällt. Dieser verneint; Sabine ordnet sich beim gemeinsamen Spiel ein, hat keine Sonderrolle, tut das, was die anderen Kinder auch tun. „Genau das ist es", sagt die Erzieherin. „Vor einem halben Jahr hat sie noch gedrängelt und geschubst, weil sie nicht abwarten konnte, bis sie dran war." ◀

Die meisten Veränderungen vollziehen sich in kleinen Schritten (*R. Bleckmann*). Sie springen daher nicht unmittelbar ins Auge; man muss genau hinsehen, um sie wahrzunehmen.

Die Erzieherin, die die Kinder ihrer Gruppe täglich sieht, ist zudem noch in der schwierigen Lage, dass langsame, stetige Fortentwicklungen für sie fast unmerklich vonstatten gehen können. In vergleichbarer Lage sind auch Eltern bei ihren Kindern, während der Großtante, die einmal im Jahr zu Besuch kommt, sofort auffällt: „Meine Güte, wie haben sich die Kinder verändert!"

(3) Die Erzieherin muss ihre Angebote und Anregungen der jeweils aktuellen Interessen- und Bedürfnislage der Kinder anpassen.

Noch viel stärker als für Erwachsene gilt für Kinder: Was nicht von erlebbarer Bedeutung ist, geht zum einen Ohr hinein, zum anderen wieder heraus. Kinder lassen sich Aktivitäten und Vorschläge kaum aufdrängen. Wenn sie etwas interessiert, wenn sie etwas wissen, gestalten oder erleben möchten, dann lassen sie sich nur schwer vertrösten oder abwimmeln.

▶ Steffens Großmutter ist ins Krankenhaus eingeliefert worden. Er fragt die Erzieherin, ob er ein Bild malen kann, das er ihr schicken möchte. Natürlich darf er; die Erzieherin freut sich nicht nur, dass er seiner 'Omi' eine Freude machen möchte. Sie hofft nicht nur, dass das Malen eine Hilfe für ihn ist, mit der belastenden Situation umzugehen. Sie weiß auch, dass andere Vorschläge und Aktivitäten heute bei ihm auf taube Ohren stoßen würden. ◀

(4) Die Erzieherin lernt, dass Ereignisse und Dinge für die Kinder eine andere Bedeutung haben können als für sie.

Immer wieder sind Erwachsene überrascht, wenn Kinder nicht so auf einen Gegenstand reagieren, wie sie sich das gedacht hätten, oder wenn Kinder sich für

Dinge, die 'wichtig' oder 'aufregend' sind, in keiner Weise interessieren. Was für Kinder wichtig und bedeutungsvoll ist oder wird, lässt sich nicht immer vorausplanen.

Die Erzieherin war mit den Kindern im Wald; sie wollte sie für das Thema 'Herbst' interessieren. Im späteren Gespräch mit der Fachberaterin wurde ihr dann aber zunehmend deutlich, dass für die Kinder andere Gesichtspunkte im Vordergrund gestanden hatten: ‚Sammeln' und ‚Schatz'.
Anfang April ist Steffen mit seinen Eltern auf einem Waldspaziergang. Sie passieren gerade eine kleine Straßenbrücke aus Beton, an deren Seite Abwasserrohre verlaufen, als Steffens Mutter voller Freude Frühlingsboten entdeckt: „Schau mal, da sind Schmetterlinge!" „Ja," ruft Steffen *in genau demselben Tonfall*, „und Rohre!"

(5) Die Erzieherin kann Hinweise darauf erhalten, ob Regeln, die sie den Kindern nahegebracht hat, im täglichen Gruppenleben auch tatsächlich angewandt und befolgt werden.

„Wallis fuhr auf einem Dreirad hinter Evan her und rief: 'Ätsch, ich hab' das neue!' Evan: 'Ich hole mir das andere!' Wallis: 'Das ist kaputt!' Evan schaute im Spielzeugraum nach; Wallis stieg ab und ging ihm nach, wobei er wiederholte: 'Es ist kaputt!' Evan ging bis zum kaputten Dreirad (die Lenkstange war ab), dann rannte er heraus und schnappte sich Wallis Dreirad. Wallis kam angelaufen, hielt das Dreirad fest und jammerte. Evan sagte: 'Aufgestanden, Platz vergangen!' und fuhr davon." (*nach Fite*, S. 304)

Wer sich bemüht, Kindern 'goldene Regeln' des Zusammenlebens beizubringen, muss nicht nur damit rechnen, dass sie unbeachtet bleiben. Es kann sogar passieren, dass mit ihnen Schindluder getrieben wird, so wie im vorigen Beispiel: Evan verwendet eine Regel als nützliches 'Argument' in einer Situation, für die das Prinzip nicht gedacht war. Ein Gegenbeispiel:

Sven fährt auf einem Dreirad, sein Zwillingsbruder Jan mit einem Roller. Sven fragt: „Krieg' ich den Roller?" „Nein!" „Warum?", fragt Sven. „Ich hab' das noch nicht lange. Ich hab' mir das gerade erst geholt." Mit dieser Antwort gibt sich Sven zufrieden und fährt davon.

Hier haben Kinder einen Interessenkonflikt nicht gewaltsam ausgetragen und auch nicht die Hilfe eines Erwachsenen in Anspruch genommen. Sie haben ihn gelöst, indem sie von sich aus eine Regel anwandten, die ihnen beigebracht worden war (die Anwesenheit eines Erwachsenen wird darauf keinen Einfluss gehabt haben, denn er stand so weit weg, dass er gerade noch hören konnte, was gesprochen wurde, und schaute auch in eine andere Richtung).

Beide Beispiele zeigen der Erzieherin: Ein Thema ist, nachdem es mit den Kindern besprochen wurde, nicht erledigt und abgehakt. Es bleibt die Aufgabe, zu beobachten, ob es für die Kinder Bedeutung erlangt hat.

(6) Die Erzieherin erhält Hilfen für die Beurteilung von Spielzeug und Materialien sowie Hinweise zur Raumgestaltung.

Die pädagogische Beurteilung von Spielzeug, Geräten und Material hängt nicht zuletzt davon ab, wie es von den Kindern angenommen wird, was sie tatsächlich damit anfangen. Man muss Spielzeug und Material in Gebrauch sehen, um den Blick für ihre Funktion und ihre pädagogische Bedeutung zu schärfen.

> „Die Puppenecke und Bauteppich lagen – zwar durch einen Schrank getrennt – direkt nebeneinander. Häufig entstanden hier Reibereien unter den Kindern, weil die verschiedenen Spielgruppen sich in ihren Aktivitäten gegenseitig behinderten; fast täglich gab es Ärger unter den Kindern, die bastelten und malten, weil die Größe des Tisches, an dem in der Regel gemalt wurde, zu klein war; die spielenden Kinder in der Puppenecke wurden oft gestört, weil die Malutensilien im Raumteilerschrank in der Puppenecke untergebracht waren; der Schrank mit den Tischspielen musste immer mit ständigem 'Nörgeln' meinerseits aufgeräumt werden, weil die Kinder alle Spiele regelrecht in den Schrank 'reinquetschten'." (Arbeitshilfen, Anhang 4, Abschn. 1)

Auch für die Raumaufteilung gilt, dass sich zwar manches zunächst am grünen Tisch planen lässt, jedoch letztlich das Verhalten der Kinder Aufschluss über mögliche Fehleinschätzungen und falsche Erwartungen gibt. Erst die Beobachtung macht auf mögliche Schwierigkeiten aufmerksam.

(7) Die Erzieherin sieht die Konsequenzen ihres Handelns im Verhalten der Kinder und lernt durch Beobachtung.

Die Möglichkeit, durch Beobachtung zu lernen, haben nicht nur Kinder, sondern auch ihre Erzieherinnen. Besonders diejenigen, die am Beginn ihrer beruflichen Entwicklung stehen, können viel über die Auswirkungen und die Zweckmäßigkeit ihres Verhaltens lernen, indem sie die Reaktionen der Kinder beobachten.

▶ In der Mittagszeit liest die Berufspraktikantin denjenigen Kindern, die nicht schlafen, ein Kapitel einer Geschichte vor. Nach wenigen Minuten werden die meisten Kinder unruhig, einige schubsen oder kneifen sich gegenseitig. Zwei Kinder beginnen, sich zu unterhalten. Eins steht auf und wandert im Gruppenraum umher.
Zwei Tage später liest die Gruppenleiterin denselben Kindern eins der folgenden Kapitel vor. Diesmal bleiben alle Kinder eine Viertelstunde lang ruhig und – soweit man das beobachten kann – interessiert bei der Sache. Für das unterschiedliche Verhalten der Kinder mag es viele Gründe geben; dem Beobachter fällt vor allem der Unterschied in der Vortragsweise ins Auge. Im Unterschied zur Praktikantin

- variiert die Gruppenleiterin sehr stark die Lautstärke und Stimmhöhe, insbesondere bei der Wiedergabe wörtlicher Rede,
- stellt ab und zu den Kindern Fragen, die sich auf frühere Kapitel oder den vermutlichen Fortgang der Geschichte beziehen, und
- kommentiert ab und zu das, was sie gerade vorgelesen hat.

Was liegt näher als der Schluss, dass das unterschiedliche Verhalten der Kinder eine Reaktion auf die unterschiedlichen Formen des Vortrags war? ◀

▶ Für den Stuhlkreis hat die Berufspraktikantin ein Lied komponiert, einen Vierzeiler, dessen zweite und vierte Zeile sich reimen. Die ersten beiden Zeilen lauten:
Ein gelbes Auto fuhr ohne Hetz'
ganz gemütlich durch die große Stadt.
Nachdem sie zweimal versucht hat, das Lied mit den Kindern zu singen, gibt Thomas – recht lautstark – eine eigene Version zum besten:
Ein gelbes Auto fuhr ohne Hetz'
ganz gemütlich durch ein Spinnennetz.
Diese Fassung wird von den Kindern begeistert aufgenommen; es dauert zehn Minuten, bis die Praktikantin ihre Version, von der sie nicht abgeht, durchgesetzt hat. Die Störung, die sie hier erlebt

hat, gibt ihr auch Gelegenheit, darüber nachzudenken, welche Vers- und Liedform für Kindergartenkinder die gewohnte ist. ◀

(8) Durch intensive Beobachtung einzelner Kinder können sich die Beziehungen zwischen diesen Kindern und der Erzieherin verändern.

Eine intensive Beobachtung ist keine sterile Informationssammelaktion; sie kann ein neues und belebendes Element in der Beziehung zwischen Erzieherin und Kind darstellen, wie ein Erfahrungsbericht von *S. Heck* zeigt:

▶ Im Verlauf des Projekts wurden Erzieherinnen gebeten, von bestimmten 'Problem'kindern über 15 Tage hinweg möglichst detaillierte Verhaltensaufzeichnungen anzufertigen. Es zeigte sich, dass die Erzieherinnen am Ende der Beobachtungsphase ein anderes Bild von diesen Kindern gewonnen hatten: Fielen ihnen anfangs kaum einmal positive Seiten und Eigenschaften bei diesen Kindern ein, nahmen sie solche später in zunehmendem Maße wahr. Ihnen fiel nicht mehr nur das auf, was sie störte, sondern immer stärker auch das, was ihnen gefiel.
Außerdem berichteten die Erzieherinnen, dass auch die beobachteten Kinder ihr Verhalten ihnen gegenüber verändert hatten: Die Kinder hätten sie in der Beobachtungsphase öfter angesprochen, hätten ihnen gezeigt, was sie gerade gemacht hätten. Die Kinder hatten offenbar die Tatsache, dass sie besonders be(ob)achtet wurden, bemerkt, als wohlwollende Aufmerksamkeit ihnen gegenüber interpretiert und entsprechend reagiert. ◀

(9) Durch Beobachtung des Geschehens in der Gruppe läßt sich trockenes theoretisches Wissen veranschaulichen. Insbesondere die Eigenarten kindlichen Erlebens und Verhaltens werden eindrücklich sichtbar.

Manches von dem, was in Lehrbüchern der Entwicklungspsychologie steht, mag haargenau zutreffen, wirkt aber zunächst blutleer, solange es nicht durch eigene Erfahrung oder durch Fallbeispiele illustriert werden kann. So läßt sich beispielsweise nachlesen, dass bei Vierjährigen der Gedanke des Wettbewerbs eine Rolle zu spielen beginnt. Nur aus eigener Anschauung läßt sich aber nachvollziehen, bis zu welchen Formen der Wettbewerb sich steigern kann, welche Vereinseitigung des Sozialverhaltens damit oft verbunden ist und wie stark das Klima der gesamten Gruppe dadurch beeinflusst werden kann.

Für eine Kindergartenerzieherin ist die Einsicht besonders wichtig, dass das kindliche Verhalten nicht einfach einen Ausschnitt des Verhaltensrepertoires von Erwachsenen darstellt, sondern ganz anders strukturiert ist. Zum *ganzheitlichen* Erleben und Verhalten des Kindes gehört z. B., dass Kinder weit weniger als Erwachsene zwischen passivem Erleben und aktivem Handeln trennen. So ist es für sie selbstverständlich, Geschichten, die sie gehört haben, zumindest teilweise selbst nachzuspielen oder in anderer Weise aufzugreifen, wie das folgende Beispiel zeigt.

> „Bärbel und Steffi sind Freundinnen. Sie spielen oft zusammen. Die Erzieherin hat den Kindern die Geschichte von den Hirten an der Krippe erzählt. Schon seit mehreren Tagen hängt ein Weihnachtsbild in der Gruppe. Offenbar haben die beiden Mädchen das erst jetzt entdeckt. Sie stehen davor, erzählen sich gegenseitig, was sie sehen. Sie sehen auch knieende Hirten mit gefalteten Händen. Sie ahmen das Knien und das Händefalten unmittelbar vor dem Bild nach. Dabei vergleichen sie ihre eigene Haltung mit der der Freundin und beide mit dem Bild. Es stört sie nicht, daß unmittelbar unter dem Bild ein Papierkorb steht. Im Gegenteil, er erscheint ihnen offenbar ganz brauchbar. So können sie die gefalteten Hände anlehnen, wie die Hirten sie an der Krippe anlehnen. Sie sind mit ihrer Haltung offenbar zufrieden. Obwohl in der Geschichte keine singenden Hirten vorkommen, fängt Steffi an, ein Weihnachtslied zu singen. Bärbel stimmt ein." (*Bleckmann*, S. 34)

Das Beispiel zeigt auch, wie zwanglos Kinder ein begonnenes Thema mit anderen Mitteln und Ausdrucksformen weitergestalten, wenn es für sie bedeutsam ist. Solche Beobachtungen können zu einer konstruktiven Auseinandersetzung mit erzieherischen Prinzipien und Gewohnheiten führen. Denn wenn zu beobachten ist, wie gern Kinder Ausdrucksmittel variieren, dann muss daraus keine Pflichtübung werden („Jetzt malt doch mal ein Bild zu der Geschichte, morgen lernen wir ein Lied dazu!"). Auf jeden Fall aber müssen der Tagesablauf und das Gruppengeschehen so strukturiert sein, dass einem Kind solche Möglichkeiten offenstehen, *wenn es das will.* Manchmal sitzt ein Kind über längere Zeit ganz ruhig in die Betrachtung eines Blattes versunken oder streicht immer wieder vergleichend über zwei Stücke Stoff. Auch diese ruhigen, intensiven Situationen brauchen nicht zum Programm erhoben zu werden (wie z. B. bei *Montessori*), aber jede Erzieherin muss sich fragen, ob das Geschehen in ihrer Gruppe solche Situationen zuläßt. Für die Beurteilung jedes pädagogischen Prinzips ist es nützlich, sich zu fragen, welche Beobachtungen zu seiner Entstehung geführt haben könnten.

Öfter verleitet die gleiche Wortwahl in der Schilderung zu der Annahme, dass Kinder bestimmte Tätigkeiten in derselben Art und Weise ausführen wie Erwachsene. Dies ist häufig nicht der Fall; die folgende Beobachtung zeigt, was alles passieren kann, wenn Kinder (aus Knete) 'Eiskugeln' herstellen:

> „Beim Kneten werden Menge, Größe und Form der hergestellten Kugeln verglichen. Material und Form werden nicht nur mit den Händen, sondern auch mit dem Gesicht erfühlt. Gelegentlich ist zu beobachten, wie die Kinder eine Kugel über Stirn, Backen und Lippen gleiten lassen. Außerdem probieren sie aus, ob die Kugel auch richtig über einen Tisch rollen kann. Manchmal macht es Spaß, die Kugel mit einem *Schlag* zu einem *plattgedrückten Teller* zu verformen oder den Finger hineinzustecken, so daß sie daran kleben bleibt. Gelegentlich ist zu beobachten, wie die Kinder eine ganze 'Kugelfamilie' herstellen. Dabei tauschen sie gesprächsweise ihre Erfahrungen aus, daß die Rollbewegungen der Hand bei großen Kugeln ganz andere sind als bei kleinen." (*Merker, Rüsing & Blanke*, S. 35 f., Hervorhebung im Original)

Hier wird nicht einfach kindliche 'Phantasie' beschrieben, die Knete zu Eiskugeln werden läßt. Es wird gezeigt, wie Kinder mit einem Material umgehen, sich dessen Eigenschaften und ihre Handlungsmöglichkeiten erarbeiten und was sie dabei lernen. Es wird ferner gezeigt, dass das Spiel der Kinder nicht vor allem auf das Endprodukt hin ausgerichtet ist. Natürlich wollen die Kinder Eiskugeln herstellen, die sie für ein Kaufladenspiel brauchen. Das heißt aber nicht, dass sie sich vom Endziel daran hindern lassen, andere Entwicklungsmöglichkeiten im Spiel mit Hingabe zu verfolgen. Es gibt für sie keine Tätigkeiten zweiter Klasse, die nur der Vorbereitung oder der Bereitstellung von Material dienen oder sonstwie eher Mittel zum Zweck sind.

(10) Schilderungen von Ereignissen in der Gruppe können Gespräche mit Eltern oder Kolleg(inn)en erleichtern.

Immer wieder werden Erzieherinnen nach ihren Eindrücken von bestimmten Kindern gefragt oder sie möchten mit Eltern ein Gespräch über das führen, was ihnen bei einem Kind aufgefallen ist. Wenn nun das Verhalten eines Kindes nur sehr abstrakt und pauschal beschrieben wird, können sich erregte und unfruchtbare Debatten ergeben; dies gilt besonders dann, wenn Dinge angesprochen werden, die zumindest eine der Beteiligten als nicht wünschenswert oder unangenehm ansieht. Auf die pauschale Bemerkung: „Ihr Kind ist häufig aggressiv" wird eine Mutter mit der Schilderung von Ereignissen reagieren können, die das Kind als sehr friedfertig erscheinen lassen. Sie wird vielleicht auch fragen, was die Erzieherin denn unter „aggressiv“ verstehe, und das weitere Gespräch wird dann eher Definitionsfragen gewidmet sein als der Klärung praktischer Probleme.

Schildert die Erzieherin dagegen den Punkt, um den es ihr geht, anhand einer Beobachtung aus dem Gruppengeschehen, kann sie dreierlei hoffen:

- Der kritische Punkt ist leichter zu akzeptieren, weil er als einzelnes Geschehen und nicht sofort als ‘typisches’ Ereignis zur Sprache kommt.
- Das Gespräch hat einen natürlichen Aufhänger und fordert zur Diskussion möglicher Vorgehensweisen heraus.
- Eltern erhalten einen anschaulichen Einblick in das Geschehen in der Gruppe, an dem ihr Kind beteiligt ist.

Übrigens reagieren auch Kinder – mit Recht – gewöhnlich empfindlich auf allgemeine Behauptungen („Du tust nie, was ich Dir sage!“), während anhand von vorgefallenen Einzelereignissen eher ein ruhiges Gespräch mit ihnen zu führen ist.

Wenn eine Erzieherin von Eltern auf die Eigenarten oder die Entwicklung eines Kindes angesprochen wird, dann als Expertin: „Sie müssen das doch wissen!“ Diese Rolle ist angenehm und ehrenvoll und die Versuchung, zu viel zu wissen, mehr zu behaupten als durch eigene Beobachtungen gedeckt ist, liegt auf der Hand. Aber die ehrliche Antwort: „Ich muss darauf noch einmal genauer achten, bevor ich etwas dazu sagen kann“, ist oft die einzig mögliche. Umso überzeugender wird die Erzieherin dann später ihr Fachwissen einbringen können.

(11) Die Erzieherin kann die Prinzipien ihres pädagogischen Handelns besonders anschaulich anhand von praktischen Beispielen und Ereignissen aus ihrer Gruppe erläutern.

Die Erzieherin muss davon ausgehen, dass die Eigenarten und die Prinzipien ihrer Arbeit nicht unumstritten und vielen Außenstehenden nicht vertraut sind. Häufig wird sie in die Lage geraten, ihre Arbeitsweise erläutern und gegebenenfalls von anderen Vorstellungen abgrenzen zu müssen.

Vielleicht weiß sie noch aus ihrer Schulzeit oder Ausbildung, dass der interessanteste Unterricht, der anschaulichste Vortrag meist derjenige war, der nicht trocken und allgemein gehalten, sondern mit eigenen Erlebnissen, Einzelbeispielen oder mit treffenden Anekdoten gewürzt war. Insbesondere in Gebieten, die den Zuhörern nicht vertraut sind, gewinnen diese ohne Beispiele und Veranschaulichungen kaum den rechten Zugang.

2. Probleme der Beobachtung

Was soll am Beobachten problematisch sein? Nimmt eine aufmerksame Erzieherin nicht automatisch wahr, was in ihrer Gruppe vor sich geht? Ist das Wahrnehmen der Ereignisse in der Umgebung nicht ein ebenso 'natürlicher' Vorgang wie das Atmen?

Leider zeigt die tägliche Erfahrung, dass die Beobachtung so ganz unproblematisch doch nicht ist. Verschiedene Menschen schildern dasselbe Ereignis, das sie beobachtet haben, oft so unterschiedlich, dass man den Eindruck gewinnen kann, dass von verschiedenen Geschehnissen die Rede war. Öfter sehen wir nur Teile einer Ereignisfolge und reimen uns den Rest zusammen, ohne dass wir uns dessen bewusst werden. Immer sind wir in Gefahr, nur das zu sehen, was zu unseren Voreinstellungen und Erwartungen passt und das Unpassende einfach zu übersehen. Der erste Eindruck, den wir von einem Menschen oder einer Einrichtung haben, ist oft der entscheidende, weil er die folgenden Eindrücke mehr oder weniger stark färben kann.

Drei Beispiele für versteckte 'Beobachtungsfallen':

Unvollständige Information: Die Erzieherin konnte nur einen Teil des Geschehens beobachten und zieht prompt falsche Schlüsse:

„Rahel und Carsten spielten auf dem Hof Nachlaufen. Carsten mußte gefangen werden. Er rannte auf eine Mauer zu, vor der im Abstand von etwa einem halben Meter eine dicke Pappel stand. Vermutlich wollte er zwischen Baum und Mauer entwischen. Dazu mußte er eine sehr scharfe Linkskurve rennen, denn Rahel war ihm dicht auf den Fersen. Carsten schaffte die Kurve nicht ganz und prallte gerade in dem Augenblick gegen die Mauer, als Rahel, die ihr Tempo auch nicht bremsen konnte, wenn sie ihn tatsächlich erreichen wollte, ihm zum Zeichen des Gefangenseins auf den Rücken schlug. In ihrem Siegergefühl hatte Rahel nicht gleich gesehen, daß Carsten seinen Kopf an der Mauer aufgeschlagen hatte und blutete. Die Erzieherin kam schnell hinzu. Offenbar hatte sie nur die allerletzte Phase des Spiels gesehen und darum gar nicht als Spiel erkennen können. Sie fuhr Rahel

an: 'Warum schubst du denn den Carsten so fest gegen die Mauer?' Carsten wurde verpflastert und Rahel durfte für eine Weile nicht mehr auf dem Hof spielen.
Rahel wusste wohl, daß sie Carsten nicht gegen die Mauer geschubst hatte und daß sie zu Unrecht bestraft wurde. Es gab aber keine Chance, der Erzieherin den Tatbestand richtig zu erklären. Für die Erzieherin war die Situation offenbar ganz eindeutig und bedurfte keiner Erklärung. *Was sie gesehen hatte, war ganz klar.*" (*Bleckmann*, S. 134, Hervorhebung im Original) ◀

Gefahr des *vorherrschenden Eindrucks:* Eine Erzieherin beobachtet ein Merkmal der Beziehung zwischen zwei Kindern durchaus zutreffend. Sie verabsolutiert dieses eine Merkmal jedoch, obwohl es an der Beziehung mehr und anderes zu entdecken gibt als das, was zunächst im Vordergrund stand:

▶ „'Jan und Thorsten haben sich ständig in den Haaren.' Wir sitzen während einer Fortbildungsveranstaltung zusammen, und eine Erzieherin hat diese Feststellung vorgebracht...
Bleiben wir bei Jan, Thorsten und ihrer Erzieherin. Die hatte sich nämlich vorgenommen, die Kinder genauer zu beobachten; mehrere Tage lang, jeweils am Vormittag. Und bei unserem nächsten Treffen räumte sie ein: 'Ich habe Jan und Thorsten früher immer nur streiten *gesehen*.' Ihre Beobachtungen hatten gezeigt, daß die beiden tatsächlich recht häufig um Spielzeug oder Spielplätze rivalisierten, sich gegenseitig neckten, oder auch handfeste Auseinandersetzungen ausfochten. Aber diese Beobachtungen hatten auch die positiven Seiten dieser Beziehung ins Blickfeld der Erzieherin gerückt: Sie überlegten gemeinsam, mit wem sie spielen wollten, sagten sich, was ihnen aneinander gefiel, kamen zusammen zum Kindergarten oder trafen sich auch nachmittags zu Hause. Die Erzieherin wußte jetzt mehr über das Verhältnis der beiden zueinander, und sie sah sich nicht mehr genötigt, in jeden Konflikt ausgleichend einzugreifen, solange der Streit nicht auch andere Kinder belastete." (*Haucke* 1986, S. 1, Hervorhebung im Original) ◀

Kurzschluss bei der Interpretation: Eine Erzieherin schließt vorschnell von dem, was sie sieht, auf etwas, was sie nur vermutet:

▶ „Markus kommt am Morgen sehr zeitig in den Kindergarten. Seine Mutter ist nicht unbedingt glücklich darüber, daß sie seinetwegen so früh aufstehen muß, aber sie gönnt ihm seine Freude, möglichst bald im Kindergarten zu sein. Erst im Laufe der Zeit wurde es der Mutter und auch der Erzieherin klar, daß es nicht die Freude am Kindergarten insgesamt war, sondern eher das Bedürfnis, einen sicheren Spielplatz und ein befriedigendes Spielzeug zu haben, damit der Kindergarten 'auszuhalten' war. Markus ging morgens sofort eifrig auf den Baukasten zu, in dem außer den Quadern auch lange Klötze waren, die sich für den Bau von Straßen oder Brücken besonders gut eigneten. Markus baute mit Einfallsreichtum, bemühte sich aber kaum, andere Kinder einzubeziehen. Hin und wieder ließ er einzelne gewähren, wenn sie seine Vorschläge akzeptierten. Als an einem Tag ein anderes Kind vor ihm den Baukasten genommen hatte, fand Markus kaum Zugang zu anderen Kindern oder zu einem anderen Spiel. Lustlos probierte er das eine oder andere Spiel aus, legte es wieder weg und sah immer wieder sehnsüchtig zu dem Kind, das 'seinen' Baukasten benutzte. Offensichtlich hatte er an dem Tag keine Freude an dem Aufenthalt im Kindergarten, weil ihm die 'Spielsicherheit' durch das beliebte Spielmaterial fehlte." (*Bleckmann*, S. 31) ◀

Der Fall ist besonders prägnant: Ein Kind, das immer besonders früh in den Kindergarten will, *muss* einfach gern in den Kindergarten gehen. Dieser Schluss dürfte in den meisten Fällen zutreffen; im vorliegenden Fall wird der Trugschluss für die Erzieherin erst dann auffällig, als sich durch eine *natürliche Veränderung* der Gruppensituation ein verändertes Bild ergibt.

2.1 Zehn mögliche Fehler

Bei einer differenzierteren Betrachtung zeigt sich, dass 10 Beobachtungsprobleme und mögliche Fehler im Vordergrund stehen. Diese werden im Folgenden erläutert.

(1) Die Erzieherin läuft Gefahr, ihre Wahrnehmung auf einige Kinder ihrer Gruppe zu konzentrieren, während ihr andere Kinder nur selten ins Blickfeld geraten.

Kinder in besonderen Situationen verlangen mit Recht erhöhte Aufmerksamkeit. Wohl jede Erzieherin beobachtet z. B. neu aufgenommene Kinder besonders intensiv, um sich möglichst bald ein abgewogenes Bild von ihnen machen zu können. In anderen Fällen wird die Aufmerksamkeit der Erzieherin durch Eltern oder Kolleginnen auf bestimmte Kinder gelenkt. Eltern wollen z. B. wissen, ob ihr Kind bestimmte Verhaltensweisen auch im Kindergarten zeigt, oder ob der Erzieherin bestimmte Veränderungen im Verhalten ihres Kindes auch aufgefallen sind. Kolleginnen schildern möglicherweise Eindrücke von Kindern, die von denen der Erzieherin abweichen und denen deshalb nachzugehen ist. Schließlich stellen sich bestimmte Kinder von selbst in den Vordergrund. Das können solche Kinder sein, die besonders häufig Trost, Hilfestellung oder Unterstützung bei der Erzieherin suchen, oder solche Kinder, die durch ihr Verhalten in der Gruppe die Erzieherin besonders oft zum Eingreifen nötigen.

So verständlich und wichtig die erhöhte Aufmerksamkeit für einzelne Kinder ist, birgt sie doch die Gefahr, die Beobachtung anderer Kinder zu sehr zu vernachlässigen. Dies können stille, zurückgezogene Kinder sein, die eher am Rand des Gruppengeschehens stehen und deshalb relativ leicht übersehen werden können. Das können auch die Kinder sein, die gut allein zurechtkommen. Kinder, die mit sich und anderen meist etwas anzufangen wissen und wenig Anregung und Hilfestellung der Erzieherin suchen. Es können aber auch Kinder sein, die von sich aus die Aufmerksamkeit der Erzieherin eher zu meiden versuchen. Wenn Kinder z. B. wissen, dass ihre Erzieherin Spiele nicht schätzt, in denen Waffen eine Rolle spielen, dann werden sie solche Spiele nicht vor ihrer Nase spielen. Die Unauffälligkeit einzelner Kinder kann so weit gehen, dass sich die Erzieherin am Ende eines Tages fragen muss: „War … heute überhaupt in der Gruppe?“

Man kann nicht davon ausgehen, dass unauffällige Kinder die Aufmerksamkeit und Hilfestellung ihrer Erzieherin nicht nötig hätten. Vielleicht trifft dies auf die sog. ‘voll integrierten’ Kinder zu, aber auch sie können zumindest zeitweilig auf die Unterstützung der Erzieherin dringend angewiesen sein.

Das Problematische an diesem Ungleichgewicht in der Verteilung der Aufmerksamkeit ist, dass es sich i.d.R. allmählich einschleift und deshalb nicht wahrgenommen wird. Es gibt auch nicht so oft markante Ereignisse, durch die eine Erzieherin mit der Nase darauf gestoßen wird, dass sie ein bestimmtes Kind in der letzten Zeit kaum beachtet hat. Deshalb ist es empfehlenswert, zumindest von Zeit zu Zeit bewusst gegenzusteuern:

Die Erzieherin kann sich anhand der Namensliste der Gruppe eine Reihenfolge von Kindern festlegen, auf die sie zu bestimmten Tagen ganz bewusst achtet. Oder sie kann sich – wieder anhand der Namensliste – fragen, was sie bei jedem einzelnen Kind in den letzten Tagen beobachtet hat. Kindern, zu denen ihr wenig oder nichts einfällt, sollte in der nächsten Zeit die Aufmerksamkeit bevorzugt gelten.

(2) Eine zweite Gefahr liegt in der Versuchung, die Phasen der Beobachtung auf einzelne Situationen oder Aktivitäten zu beschränken.

a) Häufiger ist der Ratschlag zu hören, Beobachtungen in 'günstigen' Zeiten durchzuführen, beispielsweise nachmittags oder früh morgens, wenn noch nicht alle Kinder in der Gruppe sind. Würde man diesem gutgemeinten Rat immer folgen, dann würde sich die Wahrnehmung zwangsläufig auf bestimmte Kinder konzentrieren: Auf diejenigen, die auch am Nachmittag die Einrichtung besuchen bzw. diejenigen, die morgens besonders früh kommen. Die Ankunftszeit in der Einrichtung ist bei vielen Kindern täglich gleich, da sie von familiären Gegebenheiten abhängt. Außerdem würden die Kinder nur in ganz bestimmten Situationen beobachtet: In der Gesellschaft nur weniger anderer Kinder am Nachmittag bzw. beim morgendlichen Einstieg in die Gruppe. Dies kann zu Trugschlüssen führen; es gibt beispielsweise Kinder, die morgens zunächst eine gewisse Anlaufzeit brauchen, dann aber sehr aktiv am Gruppenleben teilnehmen. Umgekehrt kann es Kinder geben, die sehr unternehmungslustig und aktiv sind, wenn sie kommen, aber nach einer Stunde mit sich und dem Vormittag nichts Rechtes mehr anzufangen wissen.

b) Es ist selbstverständlich, dass eine Erzieherin Kinder besonders dann unaufwendig und aus der Nähe beobachten kann, wenn sie gerade zusammen mit ihnen etwas unternimmt. Dies birgt, wie schon beschrieben, die Gefahr, dass diejenigen Kinder übersehen werden, die sich lieber allein oder mit anderen Kindern beschäftigen, ohne dass die Erzieherin in der Nähe ist. Zweitens muss aber bedacht werden, dass diejenigen Aktivitäten, bei denen Erwachsene zugegen sind, nur einen Teil des Gruppenlebens ausmachen. Spiele in der Bau- oder Puppenecke finden häufig statt, ohne dass die Erzieherin in der Nähe ist, und gerade sie geben oft wichtige Aufschlüsse über Sozialverhalten, Einfallsreichtum oder Ausdauer, die einzelne Kinder beim Spiel entwickeln. Gerade diese Spiele zeigen, inwieweit die Kinder in der Lage sind, ohne direkte Eingriffe eines Erwachsenen auszukommen.

c) Jede Erzieherin hat wahrscheinlich Schwerpunkte und Vorlieben für bestimmte Aktivitäten bzw. bestimmte Bereiche erzieherischer Arbeit. Was die Beobachtung der Kinder angeht, wird dies erst dann problematisch, wenn sich dadurch Vereinseitigungen ergeben, wenn z. B. einer Erzieherin zu einem Kind vorwiegend oder ausschließlich sein Verhalten bei ihren Aktivitäten zur musikalischen Früherziehung einfällt.

Gegen die beiden erstgenannten Probleme gibt es kein bequemes Heilmittel. Um sich ein vollständigeres Bild der Kinder und des Geschehens in der Gruppe machen zu können, muss die Erzieherin auch zu 'ungünstigen' Zeiten Beobachtungen durchführen. Sie muss ihre Aufmerksamkeit auch öfter den Aktivitäten zuwenden, die ohne ihr aktives Zutun ablaufen. Dies setzt natürlich voraus, dass sie zumindest phasenweise die Möglichkeit dazu bekommt.

Hinsichtlich des dritten angesprochenen Problems kann der Rückgriff auf eine Systematik helfen. Auf Seite 112 ist eine Aufgliederung der Bereiche kindlicher Entwicklung wiedergegeben. An ihr könnte sich eine Erzieherin orientieren, um möglichen Einseitigkeiten auf die Spur zu kommen. Sie müsste dazu die Kinder ihrer Gruppe zu beschreiben versuchen und sich selbstkritisch fragen, zu welchen Bereichen ihr nur wenige Beobachtungen und Gegebenheiten einfallen.

(3) Manche aufschlussreichen Beobachtungen werden nicht gemacht, weil die Erzieherin sich gedrängt fühlt, in das laufende Geschehen lenkend einzugreifen.

„Einige Kinder beherrschen bereits das Tütenherstellen. Ein Kind, das bisher woanders tätig war, kommt zu der Erzieherin mit der Bitte, es ihm auch zu zeigen.
Da sie aber gerade woanders tätig ist, scheint ihr die Situation günstig, die Kinder zur gegenseitigen Hilfe anzuregen.
Sie erklärt Peter, daß sie im Moment nicht könne, daß aber schon viele Kinder Tüten angefertigt haben, die ihm das sicherlich zeigen können. 'Nicht wahr', wendet sie sich diesen Kindern zu, ‚ihr könnt das doch alle schon, wer kann es denn auch dem Peter zeigen?' Walter ist als erster bereit. Also geht Peter dorthin und läßt es sich erklären… Dabei treten Schwierigkeiten auf.
Walter zeigt zwar immer das Tütenrollen, versteht es aber noch nicht, den Vorgang in einzelnen Schritten zu zeigen, so daß Peter lediglich begreift, daß das Papier gerollt werden muß, aber nicht, daß es schräg zu rollen ist. So erhält er jedesmal statt einer Tüte eine einfache Rolle.
Die Erzieherin, die die beiden im Auge behalten hat, überlegt: 'Soll ich mit der Hilfe noch warten? Besser wäre es für den sozialen Vorgang, wenn sie alleine zum Erfolg kämen. Haben sie aber noch die Ausdauer? Ein Mißerfolgserlebnis muss vermieden werden, denn es würde zukünftige gegenseitige Hilfe sicherlich erschweren und die Kinder darin bestätigen, daß Hilfe doch besser von der Erzieherin zu holen sei.'" (*Merker, Rüsing & Blanke*, S. 33 f.)

Im Zusammenhang mit dem Thema 'Beobachtung' ist an dieser Schilderung wichtig, was die Erzieherin durch ihre abwartende Haltung an Erkenntnissen gewinnen kann: Zunächst führt Walter ihr ein typisches kindliches Verhalten vor. Er zerlegt das, was er zeigen soll, nicht in kleine Schritte, sondern führt es im Ganzen vor. Deshalb kann Peter den Vorgang nicht nachvollziehen. Zweitens kann die Erzieherin beobachten, wie Walter und Peter versuchen, die Schwierigkeit zu überwinden.

Ein ähnliches Thema ist das Beilegen von Konflikten. So wie Kinder lernen sollen, auftretende Schwierigkeiten mit Beharrlichkeit und Ausdauer zu überwinden, sollen sie auch lernen, Konflikte möglichst produktiv und konstruktiv zu lösen. Wie weit einzelne Kinder auf dem Weg zu diesem Ziel schon gekommen sind, kann eine Erzieherin nur dann beurteilen, wenn sie die Kinder gewähren läßt, soweit das geht und beobachtet, was passiert. (Selbstverständlich muss sie sofort eingreifen, wenn einem Kind Schaden droht.)

Eine dritte Frage in diesem Zusammenhang könnte lauten: Wie wird ein Kind mit Leerlauf fertig? Wie findet es eine neue Beschäftigung, wenn die bisherige beendet ist? Gerade bei jüngeren Kindern ist wahrscheinlich die Versuchung groß, sie zu 'beschäftigen', anstatt zunächst einmal abzuwarten und zu beobachten, was sie tun, wenn sie 'nichts' tun:
Manchmal wartet ein Kind geduldig ab, bis ein Platz in der Bauecke frei wird, oder bis die Freundin wieder zu gemeinsamen Unternehmungen bereit ist. Manchmal greift es zunehmend zielloser in den Schrank mit den Tischspielen, bis es schließlich die Kinder am Maltisch stört. Manchmal schaut ein Kind anderen Kindern zu und lernt – wie die Erzieherin – viel durch Beobachtung. Manchmal braucht ein Kind Zeit, um mit einem belastenden Erlebnis fertigzuwerden.

Die Beispiele zeigen, dass Beobachtung nicht einfach eine kalte Technik ist, sondern zu einer erzieherischen Haltung gehört, die als „nachgehende Führung" (*Schmaus & Schörl*) oder als „aktive Passivität" (*Merker, Rüsing & Blanke*) gekennzeichnet wurde: Die Erzieherin hält sich zunächst zurück, um Klarheit darüber zu gewinnen, welchen Beitrag sie zur Gestaltung des Gruppenlebens leisten kann. Ihr Ziel ist nicht, alle Kinder jederzeit 'beschäftigt' zu sehen; sie will die Kinder vielmehr schrittweise zu größerer Selbständigkeit und eigenverantwortlicher Gestaltung ihres Lebens in der Einrichtung befähigen.

(4) Viele Geschehnisse und Verhaltensweisen von Kindern werden nur dann verständlich, wenn Ereignisse und Begegnungen in ihrem Verlauf und ihrer Entwicklung vollständig beobachtet werden können.

Ein Kind kommt weinend zur Erzieherin: „Die wollen mich nicht mitspielen lassen!" Mit diesem Endpunkt einer Entwicklung kann die Erzieherin zunächst nicht viel anfangen; sie muss versuchen herauszufinden, was vorher geschehen ist. Und sie sollte den Vorfall zum Anlass nehmen, in der nächsten Zeit bewusst darauf zu achten, wie das Kind versucht, Spielkontakte zu knüpfen und was dabei vor sich geht. Vielleicht sucht sich das Kind einen ungünstigen Moment aus, versucht, Zugang zu einer Gruppe zu gewinnen, die gerade völlig in ihr Spiel vertieft ist. Vielleicht versucht es, das gemeinsame Spiel so eindeutig und bis ins Kleinste hinein zu bestimmen, dass die anderen Kinder die Lust verlieren. Vielleicht versucht die Spielgruppe, sich abzuschotten und nimmt dabei zu wenig sachlichen 'Argumenten' Zuflucht („Du bist zu klein"). Welche der Möglichkeiten zutrifft, muss aber erst herausgefunden werden.

Zwei gleichartige Verhaltensweisen, die an unterschiedlichen Stellen im Geschehensablauf stehen, können unterschiedlich zu bewerten sein:

▸ Yalan setzt sich mit auf Sabines Stuhl und versucht, diese nach und nach vom Stuhl zu drängen. Sabine sagt nichts, versucht ihrerseits, Yalan vom Stuhl zu drücken und schlägt ihr dann unvermittelt mit der flachen Hand ins Gesicht. Thomas, der mit am Tisch sitzt, beugt sich herüber und schlägt seinerseits Sabine ins Gesicht. ◂

Bei diesem Beispiel reicht es nicht, zu sagen: „Beide Kinder haben geschlagen." Sie haben zwar dasselbe Mittel eingesetzt, aber in verschiedenen Rollen und an unterschiedlichen Stellen in der Auseinandersetzung.

(5) Es kann problematisch sein, sich auf das zu verlassen, was von anderen über ein Ereignis berichtet wird, das man nicht selbst beobachten konnte.

Im Eingangsabschnitt wurde eine Episode geschildert, in der eine Erzieherin falsche Schlüsse zog, weil sie nur den letzten Teil des Geschehens mitangesehen hatte. Solchen Situationen wird sich die Erzieherin häufig gegenübersehen: Kinder kommen gelaufen und beklagen sich: „Die lassen mich nicht mitspielen!" oder: „Der hat mich gehauen!" Zwei Kinder liegen sich in den Haaren, ohne dass die Erzieherin sehen konnte, was dazu geführt hat. Ein Kind kommt zur Erzieherin gelaufen, um zu petzen.

Zunächst ist dazu zu bemerken, dass Kinder recht häufig Erzählungen der anderen Kinder ohne große Ausflüchte bestätigen, auch wenn diese Berichte ungünstig für sie sind. Dies gilt besonders für jüngere Kinder.

Gleichwohl wird öfter die Situation entstehen, dass die Erzieherin einer Erzählung nicht recht traut, oder dass sich Schilderungen der Kinder widersprechen. Dabei wissen die Kinder, dass die Erzieherin nicht aufgrund eigener Beobachtungen urteilt und handelt, sondern auf der Basis von Erzählungen, Vermutungen, Schlüssen oder zusätzlichem Wissen, das sie von den einzelnen Kindern oder von den Beziehungen zwischen ihnen hat. Ein Urteil der Erzieherin kann daher von den Kindern als Ausdruck von *Einfluss* oder *Macht* aufgefasst werden: Wem glaubt sie im Zweifelsfall, wem glaubt sie nicht?
Daher spricht vieles für die Auffassung, dass die Erzieherin sich in einem solchen Fall besser als diejenige zu erkennen gibt, die aufgrund lückenhaften Wissens in diesem Fall *nicht* entscheiden oder bewerten kann.
Wieder gilt, dass Erzählungen anderer eigene Beobachtungen anregen, aber nicht ersetzen sollen.

Ein zweiter Punkt in diesem Zusammenhang sind Schilderungen von Geschehnissen, die sich nicht im Kindergarten abspielen. Erzählungen von Eltern über das Verhalten eines Kindes zu Hause kann die Erzieherin zum Anlass nehmen, sich zu fragen, ob sich das Kind in der Gruppe ebenso verhält – was durchaus nicht der Fall sein muss.

Besonders bei Kindern, die neu in der Gruppe sind, ist von großer Bedeutung, was die Eltern über sie berichten. Zusammen mit dem ersten Eindruck, den die Erzieherin vom Kind gewinnt, bilden diese Berichte die erste Grundlage für kontrollierende und differenzierende Beobachtungen. Auch Berichte von Eltern sollen Beobachtungen der Erzieherin anregen, aber sie dürfen diese auf keinen Fall ersetzen. Der Gesichtspunkt wird ausführlich zur Sprache kommen, wenn vom Beobachten als *Prozess* die Rede sein wird (S. 105).

(6) Eine Beobachtung verliert an Wert, wenn sie ungenau wiedergegeben wird. Zu allgemeine Begriffe oder nicht genau treffende Schlagworte verbergen oft mehr als sie aussagen.

'Beobachten' heißt nicht nur, einen Vorgang wahrzunehmen. Eine Erzieherin muss ihn auch treffend und genau schildern können, um das, was sie gesehen hat, schriftlich festzuhalten oder im Gespräch wiederzugeben. Gerade der Zwang, die Beobachtung zu beschreiben, kann der Erzieherin klar machen, was genau sie gesehen hat und was nicht, wo sie bei nächster Gelegenheit noch einmal genauer hinsehen muss und was ihr am Geschehen selbst unklar geblieben ist. Allgemeine Schlagworte wie „Das Kind spielt schön" oder „Die Gruppe ist unruhig" helfen hier nicht weiter.

Michael ist erst seit wenigen Tagen im Kindergarten. Auf die Frage der Mutter, ob er schon Kontakt zu anderen Kindern gefunden habe, antwortet die Erzieherin: „Er macht sich sehr gut, er spielt sogar schon mit den Großen!" Zu Hause erzählt Michael, dass er 'Baby' war: Zwei ältere Kinder haben ihn geholt, weil sie für ihre Familie ein Baby brauchten. Er wurde in einer Ecke ins Bett gelegt, einmal 'gefüttert', danach aber nicht mehr ins Spiel einbezogen. Das habe er doch ziemlich langweilig gefunden.

Es mag dahingestellt bleiben, ob die Erzieherin das Geschehen falsch wahrgenommen oder nur ungenau wiedergegeben hat. Die Schilderung war auf jeden Fall geeignet, bei Michaels Mutter einen falschen Eindruck hervorzurufen.

Was kann sich nicht alles hinter dem Begriff „aggressives Verhalten" verbergen: Schläge, Drohungen, Beschimpfungen, treten, spucken, festhalten, zu Boden werfen, ein Bauwerk zerstören, mit einem Bleistift über das Bild eines anderen Kindes kritzeln, im Gedränge ein anderes Kind anrempeln, versuchen, ein Spielzeug zu behaupten, das ein anderes Kind wegnehmen will, 'Rache' für den Schlag, der dem Freund gegolten hat, Hänseleien, Beleidigungen, Gesten und Rufe beim Spiel („Peng, peng, du bist tot!"), einem anderen Kind die Teilnahme am Spiel verweigern, einem anderen Kind Spielzeug wegnehmen, ein anderes Kind herabsetzen („Du Feigling") oder verspotten („Du hast 'ne blöde Jacke an!"), ein Kind, das beim Wettlauf schneller ist, festhalten, sich an einem Kind abreagieren, das an der Auseinandersetzung, die man verloren hat, gar nicht beteiligt war, andere Kinder erschrecken, einem Kind den Partner, mit dem es gerade spielt, mit einem verlockenden Angebot ausspannen, andere Kinder zu unfreundlichem Verhalten anstiften („Da kommt der Heiko, der darf hier nirgendwo mitspielen!"), die Kräfte messen („Ich bin viel stärker als du, glaubste nich'?"), zuammen mit der Freundin anderen Kindern die Tür zum Nebenraum versperren, einem Kind Angst machen, ein Kind, das den Vater als 'Blödmann' bezeichnet hat, mit Sand bewerfen, beim Mittagessen von Spinnen reden, weil ein anderes Kind sich davor ekelt, den Würfel beim Spiel nicht herausgeben, andere Kinder durch lautes, unvermutetes Gebrüll erschrecken, sich vordrängeln usw.

Manchmal greift zu schlagwortartigen Formulierungen, wer den treffenden Ausdruck gerade nicht zur Hand hat. Dies braucht nicht unbedingt auf mangelhafte sprachliche Ausdrucksfähigkeit hinzudeuten, sondern kann aus schlichter Nachlässigkeit entstehen.

7) Immer wieder gerät die Erzieherin in die Gefahr, die Schilderung eines Ereignisses nicht scharf genug von ihrer Bewertung oder ihrer Interpretation zu trennen.

Es gibt im Gruppengeschehen kaum „neutrale" Situationen; die meisten haben gleich mit sozialen oder erzieherischen Grundkonstellationen, mit Entwicklungen und Bewertungen zu tun. Da sitzt nicht einfach ein Kind und malt; das ist das Kind, das sich jetzt endlich längere Zeit allein beschäftigen kann. Da kommt nicht ein Mädchen im roten Mantel; da kommt das Mädchen, das durch sein Benehmen langsam zum roten Tuch für die Erzieherin wird. Wollen zwei Kinder allein nach draußen, schiebt sich die Frage nach Risiko und Aufsichtspflicht gleich in den Vordergrund. Für Außenstehende ist manchmal überraschend, was alles mitgedacht wird:

▶ „Peter brüllte, warf sich auf den Boden, schlug um sich, sein ganzer Haß richtete sich gegen mich, nur weil ich ihn nicht genug beachtet hatte." (Jauss, S. 102)
Die Autorin, die dieses Beispiel berichtet, schreibt dazu, dass es einiges enthält, „was man beim besten Willen nicht beobachtet haben *kann*." Ob Peter Hassgefühle hatte oder nicht, und gegen wen sie sich eventuell gerichtet haben, ist Interpretation und hat mit Beobachtung nichts mehr zu tun. ◀

Ständig besteht die Gefahr, nicht nur zu sehen, was passiert, sondern sofort auch zu wissen, warum es so und nicht anders passieren musste: „Motive" werden „sichtbar", „Gefühle äußern sich", „Eigenschaften" eines Menschen „kommen zum Ausdruck", aufgrund seiner „Persönlichkeit" konnte dieses Kind gar nicht anders reagieren. Immer wird zu dem, was beobachtbar ist, etwas hinzugefügt, was nicht beobachtet werden kann. Das Ziel ist eine „Erklärung" dessen, was sich abgespielt hat. Mit einer solchen Erklärung oder dem Versuch dazu kann man richtig oder falsch liegen, auf jeden Fall muss sie von der Beobachtung getrennt werden.

Auf zwei Interpretationen, mit denen die Erzieherin häufig falsch liegen dürfte, soll ausdrücklich hingewiesen werden:

- „Das tut der/die nur, um *mich* zu ärgern!" Die Erzieherin geht davon aus, dass der einzige oder der vorherrschende Beweggrund für das Verhalten der Kinder die Reaktion der Erzieherin ist. Dies dürfte in vielen Fällen eine schlichte Selbstüberschätzung sein. Kinder vergessen Regeln und Anweisungen, weil andere Dinge im Moment von viel größerer Bedeutung sind. Kinder geben spontanen Einfällen und Regungen nach, ohne sich über die Reaktion der Erzieher große Gedanken zu machen. Sie sehen das Auge, das sie dem Luftvogel aufkleben, nicht die Klebstofftube, die tropft.

– Das macht der/die *immer* so!“ Wer einmal lügt, dem glaubt man nicht... Das einmal gezeigte Verhalten wird zum typischen Verhalten. Verräterisch ist die Verwendung von Eigenschaftswörtern: Ein Kind, das einmal *laut* gerufen hat, ist ein *lautes* Kind. Ein Kind, das *unruhig* auf die Mutter wartet, die sich verspätet hat, wird zum *unruhigen* Kind. Die Frage ist nicht mehr „Was tut das Kind?“ sondern „Wie *ist* das Kind?“

Eine Bewertung fügt der Beobachtung etwas anderes hinzu: Ein „gut“ oder „schlecht“, ein „richtig“ oder „falsch“. An ein Ereignis wird eine Messlatte angelegt: Das Verhalten eines Kindes wird nach moralischen Maßstäben beurteilt, die Lösung einer Aufgabe hinsichtlich ihrer Übereinstimmung mit Rechenregeln.

Weder Interpretationen noch Bewertungen sind überflüssig oder abzulehnen. Auch für die Erzieherin sind sie Bestandteil der täglichen Reflexion ihrer pädagogischen Arbeit. Erst die Bewertung des Geschehens in der Gruppe bringt es in Verbindung mit erzieherischen Zielen; nur Interpretationsversuche führen zu Hypothesen und Fragestellungen, die sich näher zu untersuchen lohnten. Umso dringlicher muss aber darauf hingewiesen werden, dass Beschreibungen von Ereignissen zu trennen sind von Interpretationen und Bewertungen. Diese ergeben sich auch nicht automatisch aus den Beobachtungen. Zwei Menschen können ein und dasselbe Geschehen völlig verschieden bewerten, auch wenn sie sich vollständig einig über den Ablauf des Geschehens sind. Daraus folgt, dass Bewertungen das Ergebnis gedanklicher Verknüpfungen und ethischer Entscheidungen sind, über die man nachdenken und debattieren kann und muss.

8) Manchmal wird die Häufigkeit von Ereignissen nicht zutreffend eingeschätzt.

Eingangs des Abschnitts wurde das Beispiel ‘Jan und Thorsten’ geschildert, das erläutert, was hier gemeint ist: Die Beobachterin nahm Ereignisse durchaus zutreffend war, überschätzte aber ihre Häufigkeit. Eine Seite der Beziehung zwischen zwei Kindern hatte sich so in den Vordergrund gedrängt, dass andere übersehen wurden. Ein anderes Beispiel:

▶ „Der malt den ganzen Tag nur“, sagt eine Erzieherin über ein Kind ihrer Gruppe. Erst als sie mehrere Tage lang stichprobenweise jede halbe Stunde aufschreibt, womit sich das Kind gerade beschäftigt, wird ihr bewusst, dass es sehr viele verschiedene Dinge tut. Nur am Morgen, wenn es in die Gruppe kommt, malt es tatsächlich meistens erst einmal ein Bild – dieser Eindruck war bei der Erzieherin haftengeblieben. ◀

Man kann vermuten, dass Wahrnehmungsfehler dieser Art vor allem in die extreme Richtung ausschlagen: Dinge, die öfter passieren, geschehen „immer", seltene Ereignisse kommen „nie" vor.

Das Hilfsmittel, das in beiden Beispielfällen verwendet wurde, um die Häufigkeiten zurechtzurücken und zusätzliche Informationen zu gewinnen, die das Bild korrigieren und vervollständigen, ist das Zeitgitter: Die Erzieherin notiert zu vorher festgelegten Zeitpunkten stichwortartig, was passiert, und zwar über mehrere Tage hinweg. Ein solches Vorgehen, das im folgenden Abschnitt (S. 38) genauer beschrieben wird, sieht sehr mühsam und schematisch aus, ist aber in solchen Fällen ein bewährtes Hilfsmittel.

Ein anderes Phänomen, das in diesen Zusammenhang gehört: Die *Häufung* alltäglicher Ereignisse wird nicht bemerkt, weil die Ereignisse an sich nicht auffällig sind. Ein Beispiel:

▶ Konflikte und Auseinandersetzungen sind im Gruppengeschehen nicht so selten. Eine Erzieherin führt eine Zeitlang eine Strichliste, mit der sie festhält, wo, in welchen Bereichen des Gruppenraums sich Auseinandersetzungen abgespielt haben. Erst dabei wird ihr bewusst, dass der größte Teil der Konflikte sich in der Bauecke abspielte; dies war der Anlass für sie, genauer hinzusehen, was dort vor sich ging. ◀

Viele alltägliche Dinge, die Anlass zu genauerer Betrachtung sein könnten, werden nach einiger Zeit so selbstverständlich, dass sie nicht mehr die Aufmerksamkeit finden, die sie verdienen. Oft ist es aufschlussreich, über einige Wochen hinweg Tagebuch zu führen, d. h. stichwortartig zu notieren, welchen Teil der Arbeitszeit man womit verbringt. Die Resultate dürften in vielen Fällen überraschend sein: Manches, was klar zutage liegt, ist unter die Aufmerksamkeitsschwelle gesunken, buchstäblich unsichtbar geworden.

(9) Manches wird übersehen, weil es ‚selbstverständlich' ist.

Selbstverständliche Ereignisse werden unsichtbar. Um diesen Vorgang rückgängig zu machen, muss das Gruppengeschehen „hinterfragt" oder „problematisiert" werden, wie es im neueren Deutsch heißt:

Nur Jungen auf dem Bauteppich, nur Mädchen in der Puppenecke: *Sieht das die Erzieherin überhaupt?*
Ein Kind kann den Malkittel nicht zuknöpfen und kommt zur Erzieherin, um sich helfen zu lassen: *Warum zu ihr?*

Die Tische bekommen zum Mittagessen keine Tischdecke. *Warum nicht?*
Die Raumaufteilung ist seit einem Jahr nicht mehr geändert worden. *Ist sie ideal?*

Wer Dinge übersieht, fragt sich nicht, ob nicht vielleicht Alternativen denkbar sind. Um stutzig und aufmerksam zu werden, sind Gespräche mit Kolleginnen, besonders aus anderen Einrichtungen und auch Praxisberichte in Fachzeitschriften von großem Wert. Sie können zu Beobachtungen in der eigenen Gruppe anregen, weil sie zeigen, dass die eigenen Mittel und Wege nicht die einzig möglichen sein müssen.

(10) Die Wahrnehmung der Erzieherin muss mit der Entwicklung der Kinder Schritt halten. Was gestern noch galt, kann morgen überholt sein.

Bei vielen Dingen, die eine Erzieherin bei einem bestimmten Kind beobachten kann, wird sie sich sagen: „Typisch, das passt genau zu ihm (bzw. ihr)!" Persönlichkeitszüge einzelner Kinder wie auch soziale Beziehungen zwischen Kindern bleiben öfter über längere Zeit hinweg erhalten. Ein geselliges Kind wird nicht über Nacht zum verschlossenen Einzelgänger werden, sofern nichts Außergewöhnliches vorgefallen ist. Ein Kind, das kurzatmig, oft hektisch, von Aktivität zu Aktivität wechselt, wird nicht über Nacht dasjenige sein, das sich lange Zeit mit einer Tätigkeit oder der Betrachtung eines Buches aufhält.

Gerade in dieser Konstanz liegt die Gefahr, dass die Veränderungen, die sich dennoch ergeben, übersehen werden. Dies gilt besonders deshalb, weil sie *stetig* und in *kleinen Schritten* vor sich gehen. Häufig sind sie auch kleiner als erhofft; manche Erzieherin, die sich intensiv um ein Kind bemüht, wird enttäuscht darüber sein, wie klein seine Fortschritte sind, verglichen mit dem, was sie erreichen wollte. Dennoch sind Veränderungen sichtbar – bei genauerem Hinsehen. Ein Beispiel:

▶ Stefanie (3;5) ist erst seit wenigen Wochen im Kindergarten. Sie spricht kaum einmal mit den Erzieherinnen und selten mit anderen Kindern. Die meiste Zeit verbringt sie damit, anderen Kindern beim Spiel zuzuschauen oder allein an einem Tisch zu sitzen und im Raum herumzuschauen. Ab und zu malt sie. Manchmal beteiligt sie sich an Aktivitäten, die von der Erzieherin angeboten oder angeregt werden.
Als der Beobachter ein halbes Jahr später wieder in die Gruppe kommt, scheint die Zeit auf den ersten Blick stillgestanden zu sein: Stefanie kommt in die Gruppe, begrüßt kurz die Erzieherin, schaut einer Gruppe von Kindern beim Memory-Spiel zu, geht allein frühstücken, setzt sich danach an einen Tisch und schaut in

die Bauecke. Später malt sie zusammen mit vier anderen Kindern, mit denen sie sich kaum unterhält. Keine deutlichen Veränderungen gegenüber damals – so scheint es zunächst. In den nächsten Tagen geschieht u. a. aber folgendes:
Stefanie hat eine Puppe mitgebracht und gibt sie Sabine. Sie sagt: „Du darfst immer damit spielen. Du bist meine Freundin, ja?" Als Sabine während eines Spiels die Puppe auf dem Tisch ablegt, nimmt Stefanie sie wieder auf und legt sie in Sabines Arm.
Stefanie malt mit Anne an einem Tisch. Als sie fertig ist, räumt sie Papier, Stifte und Unterlage auf, kommt dann zurück, setzt sich wieder auf den Stuhl und sagt zu Anne: „Ich warte auf dich!"
Stefanie und Sabine sitzen in der Leseecke und haben jede ein Buch, in dem Hühner, Hähne, Küken und Eier dargestellt sind. Sie zeigen sich gegenseitig Bilder: „Da ist ein Kükchen!" „Willst du das mit mir gucken?" Stefanie: „Dann kannst du das mit mir gucken!" „Da ist ein kleines, da sind zwei Kükchen!" „Sabine, guck mal, da ist das... (unverständlich)." „Komm du bei mir gucken!" „Nein!" „Dann gucke ich gar nicht!" ◀

Es *ist* etwas in Bewegung gekommen: Stefanie versucht, Kontakte zu anderen Kindern zu knüpfen. Das Thema 'Freundschaft' beschäftigt sie. Die geschilderten Episoden ändern zwar nichts daran, dass Stefanie nach wie vor den größeren Teil des Tages allein oder neben anderen Kindern verbringt, aber sie hat begonnen, sich und ihre Beziehungen zu anderen Kindern zu entwickeln. Es ist durchaus denkbar, dass sie dabei das ruhige und sichere Tempo anschlägt, das weder sie noch die anderen Kinder überfordert.

2.2 Beobachten – mit welchem Recht?

> „Was tun Sie," wurde Herr K. gefragt, „wenn Sie einen Menschen lieben?" – „Ich mache einen Entwurf von ihm," sagte Herr K., „und sorge, daß er ihm ähnlich wird." – „Wer? Der Entwurf?" – „Nein", sagte Herr K., „der Mensch."
> *(Bertold Brecht: Kalendergeschichten)*

Situationen der Kinder haben nicht selten den Charakter von Privatheit und Intimität, stellen in sich geschlossene Welten „auf Zeit" dar. Die Erzieherin mag sich fragen, ob sie nicht Grenzen kindlicher Privatsphäre überschreitet und verletzt, wenn sie Kinder aus pädagogischen Überlegungen beobachtet. Vielleicht stellt sie sich auch vor, wie es ihr wohl erginge, würde jemand sie in ihrem Alltagshandeln beobachten und bestimmten Schemata oder Kategorien zuordnen.

Beobachtung bedarf also offenbar nicht nur einer fachlichen Legitimation, sondern auch eines ethischen Rahmens, der sicherstellt, dass Kinder nicht zu „Beobachtungsobjekten“ degradiert werden und ihre Würde gewahrt bleibt.

Wichtig ist in diesem Zusammenhang, wie die Erzieherin ihre Beobachterrolle definiert: Beobachtet sie sozusagen „von höherer Warte“ aus oder versteht sie sich und die Kinder als Partner in einem wechselseitigen Geschehen?

Beobachten ist keine Einbahnstraße. Dies sollen die folgenden Beispiele verdeutlichen:

▶ Jens sitzt am Frühstückstisch und beobachtet den weinenden Guido: „Der hat Angst ohne Mama, der weiß noch nicht, dass die wiederkommt.“ Die beiden Tischgenossen – Sabrina und Martin – nicken ernst und verständnisvoll. ◀

▶ Verena und Maike betrachten aufmerksam die Erzieherin, die ihre Beobachtungen in ein vorbereitetes Schema einträgt. Verena zu Maike: „Guck mal, wie schnell die schreibt!“ Später nehmen sich die Mädchen ein großes Blatt Papier und teilen es, so wie sie es bei der Erzieherin beobachtet haben, in drei Spalten ein, in die sie „ganz schnell“ etwas hinein„schreiben“. ◀

Die Kinder selbst sind aufmerksame Beobachter und „kompetente Deuter“ ihrer Situation. Insofern stellt sich Beobachtung als wechselseitiger, kommunikativer Prozess dar, an dem beide Seiten mit jeweils spezifischen Fähigkeiten und Blick-Richtungen aktiv beteiligt sind (vgl. *Kazemi-Veizari*).

Aus dieser Sichtweise heraus kann die Erzieherin eine Beobachtungshaltung entwickeln, die Kinder nicht irritiert oder verletzt, sondern vielmehr Achtung und Wertschätzung gegenüber kindlicher Eigenart und Einzigartigkeit ausdrückt:
- Indem sie Beobachtung nicht als kalte Technik anwendet, sondern den „professionellen Blick“ einbindet in liebevolle Nähe und engagierte Anteilnahme – dies gelingt nur auf der Basis einer vertrauensvollen und verlässlichen Beziehung;
- indem sie Situationen mit großer Offenheit gegenübertritt, also den Beobachtungen Raum für Unvorhergesehenes, Unerwartetes lässt;
- indem sie Deutungsmuster der Kinder aufgreift;
- indem sie den Kindern auf kindgerechte Weise erklärt, was und warum sie beobachtet;
- indem sie die Ergebnisse der Beobachtung (soweit dies pädagogisch sinnvoll ist) den Kindern mitteilt und sie mit ihnen bespricht;
- indem sie schließlich den Kindern auch das Recht, *nicht* beobachtet zu werden, einräumt und auf entsprechende Signale der Kinder sensibel und flexibel rea-

giert, also ggf. eine geplante Beobachtung verschiebt oder ganz davon Abstand nimmt.

Einer Erzieherin, die sich in solch sensibler Weise auf die Beobachtungssituation einlässt, wird es gelingen, dem Beobachtungssubjekt „Kind“ nicht nur auf pädagogisch-fachlicher, sondern auch auf ethischer Ebene gerecht zu werden.
Sie wird Beobachtungsergebnisse behutsam und selbst-kritisch verwenden in dem Bewusstsein, dass diese lediglich einen *Ausschnitt aus kindlicher Wirklichkeit* wiedergeben und niemals das „ganze Kind“ zu erfassen vermögen.

3. Checklisten zur Beobachtung

Eine fortdauernde Beobachtung und Aufzeichnung des gesamten Geschehens in der Gruppe ist unmöglich. Die Erzieherin muss sich jeweils auf bestimmte Zeiten, Situationen und Kinder beschränken. In dieser Situation versprechen Beobachtungsschemata eine Hilfe. Dies sind Aufzeichnungsblätter, Beobachtungsbögen oder Fragebögen, die festlegen,

- was,
- wer (ggf. mit wem),
- wann und
- wo

beobachtet und notiert werden soll. Durch solche vorherigen Festlegungen soll auch der Gefahr begegnet werden, dass die persönlichen Sichtweisen und Einstellungen des Beobachters die Aufzeichnungen zu sehr subjektiv prägen. Außerdem kann der Schreibaufwand während der Beobachtungsphasen verringert werden, weil einige Daten schon vorher auf dem Beobachtungsblatt eingetragen werden.

Solche Bögen sind in den verschiedensten Formen denkbar; vier sollen ausführlich besprochen werden:

- **Stichwortartige Aufzeichnungen in Zeit/Personen-Gittern**
  Es wird festgelegt, zu welchen Zeitpunkten welche Kinder beobachtet werden sollen; es wird nicht fortlaufend, sondern stichprobenartig beobachtet. Die Beobachtungen werden nur in Stichworten festgehalten, um den Aufwand zu verringern.

- **Raumskizzen**
  Aus einem fotokopierten Bauplan oder in Form einer selbst angefertigten Zeichnung wird eine Skizze des Raumes, in dem beobachtet werden soll, vorbereitet. Die Namen der Personen bzw. die Geschehnisse werden an der Stelle notiert, an der sie sich aufgehalten bzw. ereignet haben.

- **Häufigkeitsauszählungen**
  Es wird festgelegt, welche Ereignisse notiert werden sollen. Das Interesse richtet sich ausschließlich darauf, ob und wie oft diese Ereignisse zu beobachten waren, nicht darauf, wie sie im Einzelfall aussahen und welche Kinder daran beteiligt waren.

– **Fragebögen zur Beurteilung von Kindern**
Dem Beurteiler werden Fragen vorgelegt, durch deren Beantwortung ein Urteil über Persönlichkeit oder Entwicklungsstand eines Kindes abgegeben werden soll. Es wird nicht nach Beobachtungen oder Begebenheiten, sondern nach einem zusammenfassenden Urteil oder Gesamteindruck gefragt, die nicht belegt werden müssen.

3.1 Stichwortartige Aufzeichnungen in Zeit/Personen-Gittern

Die Aufzeichnung von Beobachtungen kostet Zeit und Mühe. Deshalb bietet es sich an, den Aufwand dadurch zu verkleinern, dass nur *Stichworte* festgehalten werden. Eine weitere Verringerung des Aufwands ergibt sich, wenn nicht fortlaufend beobachtet und notiert wird, sondern nur *stichprobenartig*. Die Beobachtungszeitpunkte können in gleichmäßigen Abständen über den Tag verteilt werden, um möglichen Einseitigkeiten bei der Wahl der Beobachtungsgelegenheiten zu begegnen (vgl. S. 24). Das Ergebnis könnte etwa so aussehen:

	Stefanie	Sabine	Thomas	Martin
9.30 Uhr	beim Frühstück	beim Memory-Spiel	Falten und Bekleben eines Drachens unter Anleitung der Erzieherin	wie Thomas
10.00 Uhr	malt allein	mit Georg an der Wasserkiste	mit Michael, Ingo und René in der Bauecke	weiter falten und bekleben von Drachen
10.30 Uhr	geht im Raum umher	baut zusammen mit Yalan mit Noppersteinen	s. o.	s. o.
11.00 Uhr (draußen)	sitzt allein im Sandkasten	fährt mit Marina Dreirad	fährt mit Ingo Roller	spielt allein im Sand mit Autos
11.30 Uhr (draußen)	fährt mit Anne Dreirad	versucht, auf Stelzen zu gehen	spielt mit Martin und 3 Jungen aus der anderen Gruppe mit Autos im Sand	siehe Thomas

Vier Kinder einer Gruppe sind im halbstündigen Rhythmus beobachtet worden. Stefanie und Martin kamen erst kurz nach 9.00 Uhr in die Gruppe, so dass die ersten Aufzeichnungen erst um 9.30 Uhr gemacht wurden. Um 12.00 Uhr war der größte Teil der Kinder bereits abgeholt, so dass Notizen zu diesem Zeitpunkt nicht mehr sinnvoll erschienen.

Wie die Erzieherin der Gruppe bestätigen könnte, geben die Aufzeichnungen in bestimmten Hinsichten typische Eigenarten der einzelnen Kinder wieder: Stefanie verbringt einen großen Teil der Zeit damit, dass sie sich allein beschäftigt. Nur selten ist sie, die den Kindergarten erst seit wenigen Wochen besucht, im gemeinsamen Spiel mit anderen Kindern zu beobachten. Die kurzen Stichworte zeichnen daher ein in gewisser Weise zutreffendes Bild; das gilt auch für die anderen Kinder:
Sabine ist öfter mit anderen Kindern zusammen und zwar mit wechselnden. Sie gehört nicht zu den Kindern, die sich stundenlang mit ein und derselben Sache beschäftigen; sie wechselt die Aktivitäten relativ häufig.
Thomas spielt häufig mit anderen Kindern zusammen, vorzugsweise mit Jungen. Besonders mit Ingo unternimmt er häufig etwas gemeinsam, was im Stichwortprotokoll zumindest ansatzweise zum Ausdruck kommt.
Martin schließlich beschäftigt sich mehr als eine Stunde mit dem Falten und Bekleben eines Drachens. Auch bei anderen Gelegenheiten stellt er Ausdauer und Geduld unter Beweis. Er beschäftigt sich ebensogut allein wie zusammen mit Anderen und zeigt – besonders beim Bauen – Einfallsreichtum und Sachkenntnis.

Die Aufzeichnungen könnten in gleicher Weise über mehrere Tage und Wochen fortgeführt werden, so dass die des ersten Tages bestätigt, korrigiert oder differenziert werden könnten. Schon das eine Protokoll zeigt aber: Das Zeit/Personen-Gitter kann Hinweise auf bestimmte, typische Verhaltensweisen von Kindern geben, unabhängig von einer bestimmten Tageszeit oder Aktivität oder einem bestimmen Aufenthaltsort (beispielsweise hier Stefanies Alleinspiel, Martins Ausdauer oder Sabines häufiger Wechsel der Spielpartner).

Ebenso wichtig aber erscheint das, was *nicht* festgehalten wird:

Die Protokolle sagen i. d. R. demjenigen, der die Kinder kennt, wesentlich mehr als dem Außenstehenden. Sie aktivieren eher vorhandenes Hintergrundwissen, als dass sie neue Informationen geben.

Erst sehr lange Beobachtungszeiträume würden auch dem Außenstehenden erlauben, ausschließlich anhand der Aufzeichnungen nachzuvollziehen, was typisch für ein Kind ist und was nicht.

Die Aufzeichnungen geben zweitens keinen Hinweis auf die *Bedeutung* der festgehaltenen Ereignisse. Für jedes Kind könnte der Vormittag einige wichtige Situationen gebracht haben, etwa solche, die das Kind berühren oder innerlich ansprechen, solche, die es belasten oder in denen sich neue Entwicklungen oder Beziehungen anbahnen. Es wäre naiv anzunehmen, dass solche Ereignisse ausgerechnet zu den vorher festgelegten Beobachtungszeitpunkten stattfinden; mit großer Wahrscheinlichkeit sind sie im Protokollbogen nicht vermerkt.

Drittens geben die Stichworte meist nur an, was ein Kind tut, aber nicht wie es das tut. Wie sah z. B. um 10.00 Uhr das Geschehen in der Bauecke aus? Haben die vier Jungen gemeinsam etwas geschaffen oder haben sie nebeneinander her gebaut? Sind Streitigkeiten aufgetreten? Wer oder was hat sie ausgelöst? Wie wurden sie geregelt? Was geschah danach?

Für die interessanten Details bleibt oft kein Raum. Beispielsweise sah das Spiel mit Autos im Sand, an dem Martin und später Thomas beteiligt waren, so aus: Martin läßt zwei Autos einen Abhang hinunterfahren und prüft, welches weiter fährt. Thomas kommt dazu, fragt Martin, ob er ein Auto haben kann. Dieser stimmt zu, bald entwickelt sich ein Wettfahren. Drei weitere Jungen schauen zunächst nur zu; nach und nach werden für sie detaillierte Verhaltensregeln entwickelt: Sie wetten vorher, welches Auto gewinnt, sie haben zu klatschen, wenn eins besonders weit fährt und „Unfall, Unfall!“ zu rufen, wenn eins umkippt. Als die drei gehen, versucht Martin, drei andere Kinder zu überreden, diese Rolle zu spielen. Er preist das Spiel in höchsten Tönen an: „Das ist toll! Da könnt ihr wetten!“, hat jedoch keinen Erfolg.

Wenn Detailinformationen fehlen, ist es kein Wunder, dass die Stichworte für pädagogische Überlegungen wenig hergeben:

Die Aussage „Stefanie beschäftigt sich häufig allein“ erlaubt für sich nicht, den Tatbestand pädagogisch zu bewerten, weil die Erzieherin dazu genau wissen müsste, ob und wie sie sich allein beschäftigen kann. Sie gibt auch keinerlei Anhaltspunkte, wie die Erzieherin versuchen könnte, diesen Zustand zu ändern, sofern sie sich dazu entschließt. Dazu muss sie nicht nur wissen, wie Stefanie ihre Zeit verbringt, ob sie sie ausfüllt oder totschlägt. Sie muss auch wissen, wie die seltenen Kontakte und Begegnungen mit anderen Kindern aussehen: Beachtet Stefanie Einladungen zum Mitspiel überhaupt nicht oder umkreist sie immer wieder eine Spielgruppe, ohne eines der Kinder anzusprechen? Äußert sie den Wunsch, mitmachen zu dürfen? Bei welchen Gelegenheiten und mit welchen Kindern bahnen sich am ehesten Kontakte an? Bei welchen Gelegenheiten und zusammen mit welchen Kindern wäre Stefanie als Mitspielerin wahrscheinlich überfordert?

„Sabine spielt oft mit wechselnden Kindern“: Wer ist für die Wechsel verantwortlich? Zeigt Sabine ein Verhalten, das es anderen Kindern nahelegt, nach kurzer

Zeit aus dem gemeinsamen Spiel wieder auszuscheiden oder wechselt Sabine von sich aus? Sitzt sie vielleicht zwischen den Stühlen und sucht gemeinsames Spiel mit Kindern, die nicht so recht wollen, während sie ihrerseits den Kindern aus dem Weg geht, die mit ihr zusammen etwas unternehmen möchten? Wechselt sie die Spielpartner, nachdem die gemeinsame Aktivität einen gewissen Abschluss gefunden hat oder aus heiterem Himmel?

Das Beispiel macht auf einen Grundsatz aufmerksam, der sich auch bei den folgenden bestätigen wird: Schematisierte Aufzeichnungen können Hinweise geben, wo es sich lohnt, genauer hinzuschauen. Mit ihrer Hilfe kann eine Erzieherin ihre Wahrnehmung überprüfen. Die Ergebnisse können sie bestätigen, aber manchmal auch korrigieren, wenn sich z. B. bestimmte Verhaltensweisen eines Kindes – bisher unbemerkt – verändert haben. *Schematisierte Aufzeichnungen können differenziertere Beobachtungen nahelegen, jedoch nicht ersetzen.*

Sind vorwiegend die *Spielgruppierungen* von Interesse (wer ist mit wem zusammen?), dann ist es unzweckmäßig, für jedes Kind ein eigenes Feld auf dem Protokollbogen vorzusehen. Statt dessen müssen die Kleingruppen, so wie sie sich ergeben, jeweils handschriftlich eingetragen werden, zusammen mit Stichworten zum Ort und zur Art der Beschäftigung. Ein Beispiel dafür sind die folgenden, recht aufwendigen Aufzeichnungen. Hier sind außerdem variable Beobachtungsabstände zwischen fünf und 25 Minuten gewählt worden, so dass mehr 'Information' gegeben wird als im ersten Beispiel.

Spielgruppenbeobachtungen am 19.4.1983	
bis 8.10 Uhr	Thomas, Dennis - Konflikt in der Puppenecke, Dennis geht wieder Dennis, Jannie - Legotisch Thomas - geht zum Legotisch Michael, Nicole - Maltisch
8.20 Uhr	Dennis, Nicole - Kleistertechnik Michael - schaut zu
8.50 Uhr	Buskinder kommen Nina, Torben - kommen Bülent - Didakta Puzzle Cem - Holzpuzzle Erdal, Sadet - Didakta Puzzle Torben - Knete Jannie, Nadine, Nina - Knete Murat, Cem - 4 erste Spiele Andrea - Einertrainer

8.50 Uhr	Thomas, Michael - Maltisch Cem, Bülent, Sadet - Maltisch Britta, Jannie W. - Knete Dennis, Nadine, Nicole - Frühstück Torben - mit Farbtäfelchen auf der Matte Erdal, Sadet - Knete Cuneyt - Knete Fatma - geht in eine andere Gruppe
9.00 Uhr	Jannie, Frau Kayar - Puzzle Britta, Jannie W., Andrea - Puppenecke Feride, Cem, Thomas - Maltisch Torben - Frühstücksecke Sadet, Erdal, Nadine - Knete
9.05 Uhr	Frau Kayar, Murat, Bülent, Cuneyt, Jannie G. - Memory Dennis, Nicole - Puppenecke
9.15 Uhr	Michael, Torben - Frühstückstisch Nicole, Dennis, Andrea - Rollenspiel im Flur Sadet, Cem - Bauteppich Nadine, Britta, Jannie W. - Puppenecke Nina, Patrick - Kleisterbild Erdal - schaut zu Thomas - Maltisch Cem, Sadet, Jannie G. - Frühstück
9.20 Uhr	Feride - Puzzle Sascha - kommt Britta, Jannie W. - Memory Cem, Bülent, Murat, Sadet, Cuneyt, Jannie G. - Frühstück
9.25 Uhr	Michael - Flur Thomas - Frühstück Sascha - Puzzle Murat - hilft Torben - Kugelspiel Nadine - bunte Ballone Britta, Jannie W. - Memory
9.30 Uhr	Sascha, Erdal - Mausefalle Sadet - Maruschka Sibel - kommt zu Besuch Nina - 3 Kleisterbilder Sadet, Bülent - Mausefalle Sibel, Murat - Tierlotto Sascha - was fehlt? Cuneyt - Puzzle Bülent, Cem - Bauteppich

10.00 Uhr	Torben – auf der Matte Thomas, Patrick – auf dem Bauteppich Jannie G. – Kleisterbild Sadet, Torben – Baufix Sascha – Legosteine
10.05 Uhr	Bülent, Cem, Cuneyt, Erdal – mit Bilderbuch auf der Matte Dennis, Nicole – tanzen Nadine, Feride, Jannie W. – wissen nicht, was sie tun sollen
10.10 Uhr	Britta – was fehlt? Nina, Torben, Nadine – mit Autos auf dem Boden Dennis, Nicole, Michael – Memory Nina – Legosteine Jannie W. – Schmetterling Jannie G. – Waschraum Feride – Puzzle
10.20 Uhr	Uhr Katja, Sandra – zu Besuch
10.30 Uhr	Torben, Michael, Sadet – mit Autos auf dem Boden Nicole – Schmetterling Sibel, Murat – Puzzle Dennis, Katja – Regelspiel Jannie W., Jannie G., Britta – Puzzle, dann mit Autos auf dem Boden Nadine – sitzt bei mir Cuneyt – Perlenkette (meine Anregung) Cem, Bülent, Frau Kayar – Fische durchreiben Andrea – Flur
10.35 Uhr	Patrick, Thomas – räumen auf dem Bauteppich auf Katja, Sandra, Britta, Jannie W., Sadet, Nadine, Erdal, Dennis – gucken am Maltisch beim Durchreiben zu Murat – Puzzle Sascha, Feride – toben im Nebenraum Torben – kommt dazu
10.45 Uhr	Cem – Kugelspiel Sadet – Kugelspiel Britta, Sandra, Dennis, Erdal, Katja, Nina – Maltisch Fatma – kommt zurück Bülent, Murat – Puzzle Nicole – Schmetterling Michael – hilft ihr
10.50 Uhr	Aufräumen Stuhlkreis

Zunächst sind einige 'technische' Mängel der Liste zu erwähnen:

Nicht zu jedem Zeitpunkt wird über alle Kinder etwas ausgesagt; manchmal erfährt man nur von einigen wenigen Kindern, womit sie sich gerade beschäftigen. Zweitens ist nicht in allen Fällen klar, von welchem Kind die Rede ist: Zwei Gruppenmitglieder haben den Vornamen 'Jannie'. Meistens werden sie mit dem Anfangsbuchstaben ihres Nachnamens unterschieden, aber nicht immer (z. B. um 9.00 Uhr). Drittens sind die Bezeichnungen mancher Spiele oder Beschäftigungen für den Außenstehenden nicht verständlich (z. B. 'Einertrainer', 'Kugelspiel', 'Mausefalle', 'Schmetterling'). Macht eine Erzieherin Aufzeichnungen dieser Art für den eigenen Gebrauch, wirft dies keine Probleme auf. Sie muss sich jedoch im klaren darüber sein, dass sie für andere Personen einen erheblich verminderten Wert besitzen. Außerdem wäre dies nicht der erste Fall, dass Aufzeichnungen selbst für diejenigen, die sie angefertigt haben, nach einiger Zeit nicht mehr verständlich, zumindest nicht mehr eindeutig sind. Viertens finden sich mindestens eine handfeste Interpretation („... wissen nicht, was sie tun sollen", 10.05 Uhr) und Beschreibungen, die genauer gefasst werden sollten („toben im Nebenraum", 10.35 Uhr oder „Konflikt in der Puppenecke", 8.10 Uhr).

Was läßt sich inhaltlich mit diesen Notizen anfangen?

Sofern alle Kinder zu jedem Zeitpunkt berücksichtigt worden wären, ließe sich zunächst auszählen, welche Aktivitäten besonders oft erwähnt werden und welche Beschäftigungen besonders selten sind. Zweitens könnte man der Frage nachgehen, welche Beschäftigungsformen besonders häufig allein, welche öfter mit anderen Kindern und welche besonders oft mit der Erzieherin unternommen werden. Drittens ließe sich untersuchen, welche Kinder besonders viel gemeinsam unternehmen. Im Beispiel werden Dennis und Nicole von 8.20 Uhr bis 10.10 Uhr, also fast zwei Stunden lang, immer zusammen genannt (sofern sie überhaupt erwähnt werden) und zwar bei verschiedenen Beschäftigungen. Erst später trennen sich an diesem Vormittag ihre Wege.

Man könnte auch der Frage nachgehen, ob in der Gruppe vielleicht Untergruppen existieren, die mit den anderen Gruppenmitgliedern kaum in Kontakt kommen. Im Beispiel fällt auf, dass die Kinder mit türkischen Namen entweder allein oder zusammen mit anderen türkischen Kindern oder zusammen mit einer Erzieherin genannt werden. Nur selten spielen deutsche und türkische Kinder zusammen, ohne dass eine Erwachsene dabei ist.

Eine Eintragung gibt der Erzieherin einen Hinweis auf ein mögliches Angebot: Das Interesse der Kinder an der Technik des 'Durchreibens' (Maltisch 10.35 Uhr) scheint groß zu sein; acht Kinder schauen zu.

Genau wie beim ersten Beispiel drängt sich jedoch der Eindruck auf, dass Stichwortaufzeichnungen gerade an den Stellen, an denen es interessant wird, nicht ausreichen. Da nur das 'Was', nicht aber das 'Wie' festgehalten wird, erhält die Erzieherin für ihre Überlegungen über Beziehungen und Beschäftigungen in der Gruppe nur einzelne, manchmal allerdings interessante Hinweise.

3.2 Raumskizzen

Wenn der *Ort* des Geschehens von besonderem Interesse ist, wenn z. B. geprüft werden soll, welche Bereiche des Gruppenraums intensiv genutzt werden und welche nicht, dann bietet sich eine Aufzeichnungsform an, die darauf zugeschnitten ist: Auf einem Blatt (DIN A4-Größe reicht meist aus) wird der Raum, der beobachtet werden soll, zumindest grob skizziert wie im folgenden Beispiel:

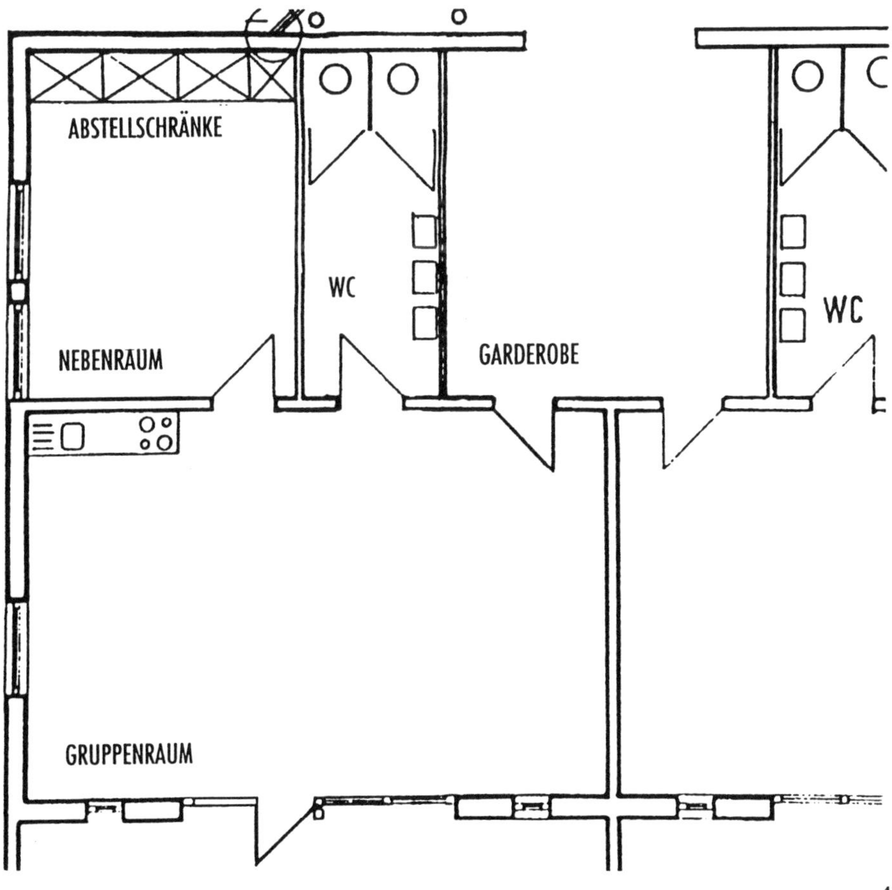

Diese Skizze wird vervielfältigt und zu den vorher festgelegten Beobachtungszeitpunkten werden die Namen der Kinder jeweils an die Stelle geschrieben, an der sie sich aufhalten. Wenn verschiedenfarbige Stifte verwendet werden, können Beobachtungen zu mehreren Zeitpunkten auf einem gemeinsamen Blatt festgehalten werden. Die Daten geben Hinweise darauf,
- an welchen Orten sich besonders viele und wo sich nur selten Kinder aufhalten,
- ob die bevorzugten Aufenthaltsorte sich im Lauf des Tages ändern und
- ob bestimmte Kinder bevorzugte Aufenthaltsorte haben.

Entsprechende Raumskizzen können auch für das Außengelände oder für gruppenübergreifend genutzte Räume in der Einrichtung erstellt werden.

Wenn die letztgenannte Fragestellung („Haben bestimmte Kinder bevorzugte Aufenthaltsorte?") nicht interessiert, kann der Aufwand dadurch verringert werden, dass nicht die Namen der Kinder eingetragen werden, sondern für jedes Kind ein Zeichen (Strich, Kreuz, Stern o. ä.). Dadurch ist später allerdings nur noch erkennbar, wie viele Kinder sich zu einem bestimmten Zeitpunkt wo befunden haben. Nicht mehr erkennbar ist, ob es zu verschiedenen Zeitpunkten verschiedene Kinder waren oder immer wieder dieselben.

In einer mittleren Aufwandsstufe können mit verschiedenen Zeichen verschiedene Teilgruppen unterschieden werden, z. B. Mädchen von Jungen oder neu aufgenommene Kinder von Kindern, die schon länger in der Gruppe sind.
Wenn also z. B. die Frage untersucht werden soll, ob Jungen und Mädchen einer Gruppe unterschiedliche Spielorte bevorzugen, dann reicht es aus, in der Raumskizze jedes Mädchen mit einem bestimmten Zeichen zu markieren, jeden Jungen mit einem anderen. (Diese Festlegung – z. B. Mädchen = Kreuz, Jungen = Kreis – muss vorher getroffen und auch mehrmals geübt werden, damit bei der Datenaufzeichnung keine Unsicherheiten, Zeitverzögerungen oder Fehler auftreten.)

3.3 Häufigkeitsauszählungen

Die bisher vorgestellten Aufzeichnungsraster haben Einzelereignisse zu folgenden Gesichtspunkten wiedergegeben:
Wer (evtl. zusammen mit *wem*) hat *was*, *wann* und *wo* gemacht? Beispiel: „Stefanie sitzt allein im Sandkasten (11.00 Uhr)."

Wer ausschließlich daran interessiert ist, wie häufig bestimmte Ereignisse waren, kann den Aufwand dadurch weiter verringern, dass

- Namen nicht mitprotokolliert werden,
- die Tätigkeiten und Ereignisse nicht einzeln beschrieben, sondern zu einigen ‚Klassen' oder ‚Typen' zusammengefasst und
- eventuell Ort und Zeit nicht mitprotokolliert werden.

Statt „10.35 Uhr: Tobias zerrt am Lenker des Rollers, auf dem Sascha sitzt"
und „10.50 Uhr: Jessica zerstört Marinas Sandkuchen; sofort danach nimmt diese ihr die Schaufel weg"
wird nur noch festgehalten: „Zwei Auseinandersetzungen um Spielzeug".

Hier wird zwar auch vorher festgelegt, wer, wann und wo beobachtet wird; diese Festlegungen sind aber notwendig, um eine gleichmäßige Form der Beobachtung sicherzustellen. In den Aufzeichnungen werden diese Einzelheiten jedoch nicht mehr festgehalten.

Bei der **Planung** von Häufigkeitsauszählungen sind folgende Überlegungen von Bedeutung:

1) Was soll beobachtet werden?

Als Beispiel sollen wieder Auseinandersetzungen in der Gruppe dienen: Bei differenzierter Betrachtung wird man sagen müssen, dass jede ihr eigenes Gesicht hat und sich in mindestens einer Hinsicht von allen anderen unterscheidet. Dennoch kann man versuchen, sie in Klassen einzuteilen, etwa nach der Art der eingesetzten Mittel:

a) Auseinandersetzungen, bei denen *körperliche Gewalt* angewendet wird (z. B. Schlagen, Treten, Schubsen, Kratzen, Zerren an Spielzeug),
b) Auseinandersetzungen, die mit *sprachlichen Mitteln* ausgetragen werden (z. B. Drohen, Beschimpfen, Verspotten), und
c) Auseinandersetzungen, die nur in der *Mimik und Gestik* der Beteiligten sichtbar werden (z. B. Herausstrecken der Zunge, Zeigen eines 'Vogels').

Auseinandersetzungen, die der gleichen Klasse zugeordnet werden können, gleichen sich zumindest in gewisser Hinsicht, so verschieden sie auch in anderen Merkmalen sein mögen. Wer bereit ist, sich mit dieser groben Einteilung zu begnügen und auf weitere zusätzliche Informationen zu verzichten, kann viel Aufwand sparen. Es ist dann nicht mehr erforderlich, die Geschehnisse ausführlich zu schildern, sondern es genügt die Angabe 'Typ a' oder ein Strich in der entsprechenden Spalte eines Protokollbogens.
Schwierigkeiten können auftreten, wenn sich die einzelnen Klassen überschnei-

den. So sind z. B. Auseinandersetzungen denkbar, die zunächst mit Beschimpfungen beginnen, dann aber mit Händen und Fäusten weitergeführt werden. In solch einem Fall könnte man das Auftreten beider Klassen notieren oder eine zusätzliche Klasse einführen:

d) Auseinandersetzungen, bei denen mehrere verschiedene Mittel eingesetzt werden.

Solche Fälle müssen aber vorher mitbedacht, ihre Behandlung festgelegt werden. Häufig wird in Klassen eingeteilt, die
- sich nicht überschneiden und
- zusammen den gesamten Spielraum möglicher Ereignisse abdecken.

Jedes Ereignis kann dann einer und zwar nur einer Klasse zugeordnet werden. Die Zuordnung wird meist anhand von Beispielen oder zusätzlichen Erläuterungen veranschaulicht.

2) Wer soll beobachtet werden?

Je nach Fragestellung kann sich die Beobachtung auf alle Kinder der Gruppe, auf eine Teilgruppe, z. B. die neu aufgenommenen Kinder oder auf ein einzelnes Kind richten. Bei der Beobachtung mehrerer Kinder wird die Reihenfolge gewöhnlich vorher festgelegt, um von allen Kindern möglichst gleich viele Daten zu erhalten. Die gleichzeitige Beobachtung mehrerer Kinder wird in vielen Fällen die Möglichkeiten eines Beobachters übersteigen.
Grundsätzlich muss festgelegt sein, ob die Namen der Kinder notiert werden oder ob Strichlisten genügen. Aus Strichlisten ist nur abzulesen, wie häufig bestimmte Ereignisse eingetreten sind. Nicht mehr ersichtlich ist z. B., ob es immer wieder dieselben Kinder waren, die daran beteiligt waren. Eine Zwischenstufe stellt die Aufteilung der Gruppe in Teilgruppen dar, indem man z. B. festhält, ob das jeweils beobachtete Kind ein Junge oder ein Mädchen, ein älteres oder ein jüngeres Kind war. Dazu kann man die Spalten des Protokollbogens entsprechend unterteilen oder mit verschiedenfarbigen Stiften arbeiten.

3) Wann soll beobachtet werden?

Auch die Beobachtungszeitpunkte werden vorher festgelegt, um möglichen Einseitigkeiten bei spontaner Festlegung vorzubeugen. Abgesehen von einer möglichen Konzentration auf bestimmte Tageszeiten sind auch Fälle denkbar, in denen eine Erzieherin dann protokolliert, wenn sie gerade Zeit, d. h. den Eindruck hat, in der Gruppe im Moment nicht dringend gebraucht zu werden. Das kann an Tagen sein, an denen nur wenige Kinder in der Gruppe sind. Da auch dies eine Einseitigkeit darstellt, empfiehlt es sich, vorher einen oder mehrere

Zeitpunkte zu bestimmen und *sich auch daran zu halten.*
Beobachtungen, die zu verschiedenen Zeitpunkten gemacht wurden, können auf einem Bogen protokolliert werden, indem man entweder mit verschiedenfarbigen Stiften einträgt oder entsprechend viele Spalten vorsieht. Damit ergibt sich die Möglichkeit, Schwankungen und Veränderungen im Lauf des Tages oder innerhalb einer Woche untersuchen zu können.

4) Wo wird beobachtet?

Bei manchen Fragestellungen richtet sich das Interesse von vornherein auf einen bestimmten Ort, z. B. eine neu eingerichtete Ecke des Gruppenraums oder den Flur, der stärker als bisher in das Gruppengeschehen einbezogen werden soll. Ist dies nicht der Fall, sollten grundsätzlich alle Räume und auch das Außengelände bei den Beobachtungen berücksichtigt werden. Das Außengelände bietet den Kindern Möglichkeiten, die sie *nur dort* haben: Ausgedehnte Bewegungsspiele, Kontakte mit Kindern aus anderen Gruppen ohne die Notwendigkeit vorheriger Absprache mit den Erzieherinnen, aber auch bessere Möglichkeiten, bestimmten anderen Kindern oder Erzieherinnen aus dem Weg zu gehen. Es ist deshalb nicht einzusehen, dass Beobachtungen auf den Gruppenraum beschränkt bleiben sollten.

Ein Aufzeichnungsblatt (**Protokollbogen**) kann verschiedene Formen haben. In vielen Fällen wird ein Gitter verwendet – wie im folgenden Beispiel. Jedem Beobachtungszeitpunkt oder -zeitraum wird eine Spalte zugeordnet, jeder Ereignisklasse (‘Kategorie’) eine Zeile. In den einzelnen Kästchen können dann in Form von Strichlisten oder mit Hilfe von Namenskürzeln die Eintragungen gemacht werden.

Diesen Bogen könnte eine Erzieherin verwenden, die sich dafür interessiert, in welcher Form bzw. Funktion sie von den Kindern ihrer Gruppe oder von bestimmten Kindern angesprochen wird. Dies wäre ein typischer Verwendungszweck von Aufzeichnungen dieser Art: Die Ereignisse, um die es geht, werden der Erzieherin bewusst, wenn sie sich abspielen, aber ihre Verteilung im Verlauf eines Tages oder einer Woche muss sie sich oft erst mit solchen Hilfsmitteln vergegenwärtigen.

Wie differenziert die Zeiteinteilung sein muss, lässt sich nicht allgemeingültig sagen. Als Grundregel kann gelten: Mit einer möglichst feinen Unterteilung beginnen und sie im Lauf der Untersuchung stärker zusammenfassen, wenn die Zwischenergebnisse dies möglich erscheinen lassen.

Eine Zeiteinteilung sollte nicht schematisch sein, sondern sich nach dem Tagesablauf in der Einrichtung bzw. in der Gruppe richten. Im Beispiel-Protokollbogen beginnt jeweils zur vollen Stunde ein neuer Aufzeichnungsabschnitt, häufig liegen jedoch markante Punkte im Tagesablauf (z. B. der Zeitpunkt, von dem ab übli-

	8.00–9.00	9.00–10.00	10.00–11.00	11.00–12.00
Mitteilungen, Erzählungen **(„Gestern hatte meine Oma Geburtstag")**				
Bitte um *Hilfe* **(„Machst du mir mal den Anorak zu?")**				
Bitte um *Eingreifen bei Auseinandersetzungen* **(„Komm mal, der Tobias lässt mich nicht mitspielen!")**				
Fragen um *Erlaubnis* **(„Kann ich mit dem Timo nach draußen?")**				
Fragen um Anregungen („Was kann ich jetzt machen?")				
Sonstiges				

Beispiel eines Protokollbogens

cherweise alle Kinder in der Gruppe sind) ganz woanders, und die Erzieherin sollte eine Einteilung anhand solcher Fixpunkte in ihrer Gruppe einer schematischen Zeitaufteilung vorziehen.

Kommt es nicht auf den *Zeitpunkt* des Ereignisses, sondern auf den *Ort* des Geschehens an, kann die Beschriftung der Spalten entsprechend geändert werden. Die Strichlisten zeigen dann, *wo* bestimmte Dinge sich ereignet haben (z. B. in den verschiedenen Bereichen des Gruppenraums oder des Außengeländes), aber nicht mehr, *wann* dies geschehen ist. Werden *beide* Informationen gebraucht, können die Daten zu verschiedenen Zeitpunkten z. B. mit verschiedenfarbigen Stiften notiert werden.

Wenn es um die **Auswertung** der Daten, d. h. die Analyse von Häufigkeiten geht, sind drei Fragerichtungen interessant:

1) Durchschnittliche Häufigkeiten der verschiedenen Ereignisklassen

Was wurde besonders häufig beobachtet, was relativ selten? Zum Beispiel: Welche Tätigkeiten nehmen bei den Kindern einen besonders breiten Raum ein?
Womit verbringt eine Erzieherin den größten Teil ihrer Zeit?

2) Schwankungen bzw. Unterschiede in den Häufigkeiten zwischen verschiedenen Beobachtungszeitpunkten

Das durchschnittliche Ergebnis ist nicht unbedingt für jeden einzelnen Tag gültig; oft bestehen große Unterschiede zwischen den einzelnen Beobachtungszeitpunkten. Sie zeigen, in welch großem Ausmaß jeder Tag sein eigenes Gesicht hat.

3) Systematische Veränderungen oder Trends, die mit spezifischen Bedingungen in Verbindung gebracht werden können

Manche Verhaltensweisen dürften im Verlauf eines Vormittags oder einer Woche charakteristischen Schwankungen unterliegen: Viele Kinder benehmen sich kurz vor Mittag anders als unmittelbar nach ihrer Ankunft in der Gruppe; der Montag ist in mancher Hinsicht ein besonderer Tag.
Die Erzieherin kann versuchen, solche Trends auch in ihren Daten nachzuweisen. Zum Beispiel kann sie folgenden Fragen nachgehen:
- Welche Ereignisse häufen sich typischerweise zu bestimmten Tageszeiten?
- Welche sind dann besonders selten (oder häufig), wenn nur wenige Kinder in der Gruppe sind?
- Welche Ereignisse sind typischerweise dann besonders selten (oder häufig), wenn die Kinder sich im Außengelände aufhalten?

Als **Beispiel** für die Durchführung und Auswertung einer Häufigkeitsauszählung soll eine Untersuchung dienen, die vom Arbeitsteam einer viergruppigen Einrichtung durchgeführt wurde (*Bichsel, Henßler, Hollerbach, Lippert & Wendle*). Ausgangspunkt war die Frage, ob nicht die Kinder zum Teil anderes Spielmaterial brauchten als das, was in der Einrichtung vorhanden war. Daher wurde im Team beschlossen, über drei Wochen hinweg zu protokollieren, was und womit die Kinder spielten.

Elf Klassen von Spielmaterial bzw. Tätigkeiten wurden unterschieden; einmal am Tag wurde festgehalten, wie und womit sich die Kinder beschäftigten. Der Beobachtungszeitpunkt wurde nicht auf die Minute genau festgelegt, da die Erzieherinnen davon ausgingen, „möglichst den Moment abzupassen, in dem einerseits alle Kinder der Gruppe anwesend, andererseits das Freispiel noch voll im Gange war“ (*Bichsel et al.*, S. 116). Damit wurde gleichzeitig vermieden, dass evtl. noch fehlende Kinder die Aussagekraft der Daten beeinträchtigten. Festzuhalten bleibt jedoch, dass untersucht wurde: „Was und womit spielen Kinder, kurz nachdem sie in die Gruppe gekommen sind?"

Über einen Beobachtungszeitraum von 15 Tagen hinweg ergaben sich folgende Häufigkeiten:

Beobachtungstage	*1*	*2*	*3*	*4*	*5*	*6*	*7*	*8*	*9*	*10*	*11*	*12*	*13*	*14*	*15*	
Rollenspiele	8	10	25	18	8	21	6	19	11	7	11	14	10	13	20	*201*
Puppenspiele	2	1	3	2	1	2	5	–	5	1	2	3	1	2	–	*30*
Gesellschaftsspiele	8	6	7	–	3	10	10	–	–	8	–	4	6	11	2	*75*
Bauen	13	10	4	2	6	10	18	9	7	9	11	6	16	10	17	*148*
Konstruktionsmaterial	6	3	1	4	4	4	6	7	3	10	–	3	1	1	2	*55*
Allgem. Spielmaterial	3	4	5	5	5	5	3	5	2	–	5	3	2	4	4	*55*
Falten/Werken/Basteln	14	10	14	17	4	1	15	18	12	12	7	11	26	11	5	*177*
Malen/Kneten/Experim.	12	7	9	17	19	13	5	19	9	15	20	18	8	4	5	*180*
Bilderbücher	4	10	10	8	–	2	8	5	6	2	4	5	4	12	6	*86*
Essen	2	6	2	2	8	4	1	3	7	1	4	6	6	6	8	*66*
Nichts tun	3	2	1	8	1	1	5	–	4	1	1	3	5	1	3	*39*
	75	*69*	*81*	*83*	*59*	*73*	*82*	*85*	*66*	*66*	*65*	*76*	*85*	*75*	*72*	*1.112*

Die Zahlen sind Anzahlen beobachteter Kinder. Am ersten Tag waren acht Kinder mit Rollenspiel, zwei mit Puppenspiel beschäftigt; mit Gesellschaftsspielen wurden acht beobachtet usw. Die Zahlen sind über alle vier Gruppen der Einrichtung hinweg aufaddiert.

Die Daten zeigen zunächst eine Beliebtheitsrangfolge, die vom Rollenspiel, das am häufigsten beobachtet wurde, bis zum Puppenspiel reicht, das besonders selten zu sehen war.

Da die Daten der einzelnen Tage aufgeführt sind, ist deutlich zu sehen, welch große Unterschiede bestehen. Die durchschnittlichen Häufigkeit dürfen nicht darüber hinwegtäuschen, in welch großem Ausmaß jeder Tag sein eigenes Gesicht hatte. So dominiert an manchen Tagen das Rollenspiel eindeutig, während sich an anderen Tagen nur sechs oder sieben Kinder damit beschäftigen. Auch bei anderen Kategorien wie 'Falten, Werken, Basteln' oder 'Malen, Kneten, Experimentieren' sind extreme Schwankungen zu beobachten.

Ein eindeutiger Trend, etwa ein typischer Verlauf innerhalb der Woche, ist nicht auszumachen (der erste, sechste und 11. Tag sind wahrscheinlich die Montage, auch wenn dies im Bericht nicht ausdrücklich erwähnt wird).

Die Beschreibungen und Kommentare der Autorinnen zu den Ergebnissen gehen allerdings (mit Recht) weit über die Wiedergabe dieser dürren Zahlen hinaus. Sie zeigen, wie die Durchführung der Untersuchung den Anstoß zu weiteren Überlegungen, Hypothesen und Aktivitäten gegeben hat. Die Kommentare enthalten:

- Vermutungen über die Ursachen von besonders großen oder überraschend niedrigen Häufigkeiten:
  „Sicher liegt ein Grund für die Beliebtheit des Rollenspiels im Kommunikationsbedürfnis vieler Kinder." (Bichsel et al., S. 118)
  „Ein weiterer, ausschlaggebender Faktor könnte sein, dass wir selbst über einige Grundkenntnisse hinaus wenig mit dem Material anzufangen wissen." (ebd., S. 119)

- Pädagogische Beurteilungen der einzelnen Tätigkeitsformen, als Grundlage für die Einordnung von Vorkommenshäufigkeiten:
  „Da wir Rollenspiele für wichtig halten, unterstützen wir die Kinder in ihren diesbezüglichen Aktivitäten auch dann, wenn es dadurch unruhiger in der Gruppe zugeht." (ebd., S. 118)
  „Wir waren sehr erstaunt, dass das Spiel mit Puppen in der Vorkommenshäufigkeit an letzter Stelle steht. Damit hatten wir nicht gerechnet und fanden es schade." (ebd., S. 122)

- Bemerkungen, die Häufigkeiten relativieren sollen:
  „Konstruktionsmaterial und allgemeines Spielmaterial haben den Zahlen nach den gleichen Häufigkeitswert in der Benutzung. In Wirklichkeit wird allgemeines Spielmaterial noch weniger seinem Zweck entsprechend gebraucht als Konstruktionsmaterial." (ebd., S. 122)

- Zusatzinformationen zum Ablauf von Spielen und Tätigkeiten sowie über die vorwiegend beteiligten Kinder; Einzelbeispiele:
  „Auch beim Malen sind die Kinder meistens in kleinen Gruppen anzutreffen. Für uns interessant sind die kleinen Unterhaltungen am Rande." (ebd., S. 118)
  Zu Gesellschaftsspielen: „Die Kinder benötigen aber die Teilnahme eines Erwachsenen, um ein Spiel zu einem Abschluss zu bringen. Bleiben sie sich selbst überlassen oder ist ein Erwachsener nicht abrufbereit in der Nähe, so brechen sie nach den ersten Konflikten, die sich aus der Nichteinhaltung von Spielregeln ergeben, ab. Trotzdem fangen sie am nächsten Tag wieder gemeinsame Spiele an." (ebd., S. 119)
  „Allein oder in kleinen Gruppen schauen sich die Kinder einzelne Bilder an und bilden nicht selten kleine Gesprächskreise, in welchen sie sich über die Bilder unterhalten. Kommt es zu Meinungsverschiedenheiten, werden wir um Stellungnahme gebeten." (ebd.)

„Der Vorrang der Buben auf dem Bauteppich ist eindeutig. Mädchen werden nur bedingt in das Bauen miteinbezogen und greifen von sich aus lieber zu anderen Angeboten.“ (ebd.)

„Peter rannte mit einer Constripistole in der Hand durch ein Gruppenzimmer. Seine Erzieherin lief ihm zufällig über den Weg. Noch ehe sie selbst etwas sagte, sprudelte er hervor: ‘Das ist keine Pistole, das ist eine Trompete, Fräulein’, und marschierte mit seiner ‚Trompete’ am Mund lachend weiter.“ (ebd.)

Zu ‘Allgemeines Spielmaterial’ (Perlen, Muggelsteine, Steckerle, Legtäfelchen, Hammerspiel): „Allgemein glauben wir sagen zu können, dass viele Kinder, die neu in eine Gruppe kommen, zu Materialien aus dieser Kategorie greifen. Sobald sie Anschluss gefunden haben, bevorzugen sie andere Spiele.“ (ebd., S. 122)

Erhobene Daten konnten auch Anlass für Gespräche mit den Kindern sein: „Wir fragten die Kinder direkt, warum sie wenig mit Baufix und Constri spielten und bekamen mehrfach die Antwort: ‘Das machen wir hier nicht. Das dauert zu lange. Damit spielen wir daheim auch immer.’“ (ebd., S. 119)

Diese Formen gedanklicher Auseinandersetzung mit dem Beobachtungsverfahren und dem Untersuchungsgegenstand dürften auch dafür verantwortlich sein, dass die Autorinnen nach ihrer eigenen Einschätzung aus ihrer Beobachtungsarbeit einen Gewinn ziehen konnten, obwohl sie zunächst enttäuscht waren, als sie sich aufs reine Protokollieren beschränkten:

> „In den ersten Tagen unserer Beobachtungsstichprobe vertiefte sich bei uns der Eindruck, dass wir kaum Neues erfahren würden und dass der Zeitaufwand im Verhältnis zum Ergebnis zu groß sei. Uns ließ unbefriedigt, dass viele wichtige Beobachtungen am Rande keinen Niederschlag in den Zahlen fanden. Diese Meinung haben wir inzwischen revidiert, da uns die Zahlen Ausgangsmaterial für mehrere interessante Teambesprechungen lieferten. Alle Faktoren unserer Arbeit sind uns wieder neu bewusst geworden oder rücken in ein anderes Licht. Besonders wichtig erscheint uns, praktisch erfahren zu haben, dass wir durch unsere Haltung eine Vorentscheidung für die Spielauswahl der Kinder treffen. Wir werden in Zukunft versuchen, unsere Angebote im Freispiel mehr zu variieren und Akzente zu setzen, um möglichst vielen Kindern gerecht zu werden.“ (ebd., S. 122)

Das Beispiel zeigt, dass Häufigkeitsauszählungen recht effektiv falsche Vorstellungen hinsichtlich zeitlicher Proportionen zurechtrücken können, sofern solche bestehen. Manche Ereignisse waren für die Autorinnen „überraschend“ häufig bzw. selten.

Das Beispiel zeigt aber auch, dass die Ergebnisse bei dem groben Kategorienraster, mit dem man notwendigerweise oft arbeiten muss, um solche Erhebungen überhaupt durchführen zu können, nicht besonders differenziert sein können. Sie geben jedoch trotzdem Ansatzpunkte für pädagogische Überlegungen: *Warum* sind bestimmte Spielformen so selten gewesen? Was ließe sich tun, um dies zu ändern? Welche gruppenspezifischen Faktoren spielen eine Rolle?

Eine Häufigkeitsauszählung ist lediglich als Teil einer längerdauernden und differenzierten Beschäftigung mit einem Thema sinnvoll. Schon die Festlegung eines Kategorienrasters zwingt zu näherer Beschäftigung mit dem Gegenstand. Während der Datenerhebung fällt dem aufmerksamen Beobachter auch auf, was in den Protokollbögen *keinen* Niederschlag findet. Gespräche bei der Auswertung der Daten können zu weiterführenden Fragestellungen Anlass geben. Wer nicht erwartet, dass eine Strichliste von selbst zu interessanten Ergebnissen führt, sondern die Arbeit damit als Teil seiner eigenen gedanklichen Auseinandersetzung mit einem Problem begreift, der wird mit diesem Instrument souverän, das heißt kritisch, umgehen können.

3.4 Instrumente zur Beurteilung von Kindern: Fragebogen und Einschätzskala

Als Hilfsmittel zur Persönlichkeitsbeurteilung werden Fragebögen angeboten, die für Kinder im Kindergartenalter Fragen enthalten wie:

- „Ist das Kind oft mit anderen Kindern zusammen?“
- „Befolgt es Anweisungen der Erzieherin?“
- „Kann es sich über längere Zeit mit einer Sache beschäftigen?“

Durch die Beantwortung solcher Fragebögen soll die beurteilende Erzieherin ein Bild eines bestimmten Kindes zeichnen und vermitteln. Ob sie sich dazu wirklich eignen, ist allerdings fraglich, denn:

1) Die Fragen halten zur *Beurteilung* an, nicht unbedingt zur *Beobachtung*.

Erfragt wird ein zusammenfassendes Urteil, bei dem die Erzieherin sich meist nur zwischen „ja“ und „nein“ entscheiden kann. Manchmal kann der Eindruck auch etwas differenziert werden („nie – selten – manchmal – häufig – immer“ bei sog. Einschätzskalen), gleichwohl wird als Antwort ein zusammenfassendes Urteil verlangt, das nicht belegt zu werden braucht.

Dies war nicht immer so. *J. Lichtenstein*, die im Jahr 1919 den ersten Fragebogen für den Kindergartenbereich entwickelte, forderte noch: „Bei der Beantwortung der einzelnen Fragen sind Tatsachen anzugeben, nicht etwa bloß Urteile und Eigenschaftswörter.“ (*Lichtenstein*, S. 316)
Die Fragen waren damals also noch durch die Schilderung von Beobachtungen zu beantworten, soweit der Erzieherin solche zur Verfügung standen. Zu jeder Frage gab die Autorin auch Hinweise, bei welchen Gelegenheiten entsprechende Beobachtungen gemacht werden könnten.

Neuere Fragebögen geben dagegen i.d.R. die Antworten vor und diese beziehen sich darauf, *ob* oder *wie oft* ein Kind ein bestimmtes Verhalten zeigt. Kein Raum bleibt zumeist für Schilderungen, *wie* eine Verhaltensweise bei dem Kind konkret aussieht. Deshalb beziehen sich die Fragen auch meist auf solche Aspekte des Verhaltens, die sich leicht in ein Ja/Nein-Schema bringen oder in Zahlen bzw. Häufigkeiten ausdrücken lassen.

Besonders schwierig sind Fragen, die – ausdrücklich oder versteckt – eine Interpretation enthalten, z. B.: „Es will beachtet werden – ja oder nein?“ Einer nachdenklichen Erzieherin wird kaum etwas anderes übrigbleiben, als solche Fragen nicht zu beantworten.

2) Die Fragen sind *stichprobenartig*.

Um Fragebögen überhaupt verwendbar zu machen, sind sie in der Regel so kurz gehalten, dass etwa der Bereich ‘Sozialverhalten’ mit sechs oder zehn Fragen ‘erledigt’ ist. Zwar wird der Anspruch erhoben, dass damit die wichtigsten Aspekte zumindest angesprochen werden, aber so wenige Fragen sind mit Sicherheit zu dürftig, um ein realistisches und anschauliches Bild vom sozialen Verhalten des beurteilten Kindes zu vermitteln.

3) Die Fragen sind *für alle* zu beurteilenden *Kinder gleich*.

Aus Gründen der Objektivität und der Vergleichbarkeit werden zu jedem Kind die gleichen Fragen gestellt. Das sichert zwar, dass zu allen Kindern gleich viel – oder besser gleich wenig – Informationen vorliegen, aber es nimmt dem Beurteiler doch jede Möglichkeit der Gewichtung. Es kann nicht ausgedrückt werden, wie zentral oder wie randständig ein bestimmtes Merkmal in den Augen des Beurteilers für die Persönlichkeit eines Kindes ist. Es kann auch nicht auf Dinge hingewiesen werden, auf die der Standardfragebogen nicht eingeht. Der Anspruch auf ‘Objektivität’ führt zudem dazu, dem Beurteiler ein ‘objektives’ Urteil zu unterstellen und gibt ihm nicht die Möglichkeit, seine Zweifel, Unsicherheiten und selbstkritischen Fragen bei der Beurteilung einfließen zu lassen (abgesehen von einer Kategorie „weiß nicht“, die ab und zu verwendet wird).

Auch hier gab es Ausnahmen: Die ‚Fels-Child-Behavior-Scales' von *Richards & Simons* (1941) enthielten jeweils auch die Frage: „Wie wichtig ist dieses Merkmal für das Gesamtbild des Kindes?" Daneben wurde auch noch gefragt: „Wie veränderlich ist das Verhalten des Kindes von einer Situation zur nächsten?" und: „Haben Sie den Eindruck, dass Ihr Urteil auf genügend Belegen beruht?"

Dadurch hatte der Beurteiler stärker als bei anderen Instrumenten die Möglichkeit, zusätzliche Informationen zum Kind und zum Vorgang des Beurteilens zu geben.

4) Meist wird nach Zuständen, nicht nach Verläufen oder Entwicklungsprozessen gefragt.

Die Frage „Weint das Kind, wenn die Eltern, die es gebracht haben, gehen?" bezieht sich auf ein Verhalten, das sich schnell und nachhaltig ändern kann. Die Frage „Spricht das Kind mit lauter Stimme?" spricht dagegen eine Eigenart an, die über längere Zeit hinweg beibehalten werden könnte. Abgesehen von der Frage, ob es klug ist, beide Formen in einem Fragebogen zu mischen, führt dieser Unterschied zur Überlegung, ob nicht die Antworten des Beurteilers auf jeden Fall einen unangemessen endgültigen, überdauernden Charakter bekommen können. Würde ein Fragebogen nach einigen Wochen oder Monaten noch einmal vorgelegt, dürfte manche Antwort anders ausfallen.

Keiner Erzieherin ist der Gedanke fremd, dass man das Verhalten eines Kindes nur vor dem Hintergrund seiner Entwicklung einordnen kann. Wird sie gefragt: „Spricht das Kind nur mit wenigen anderen Kindern?" könnte sie sagen: „Ja, aber das ist schon ein Fortschritt; früher ist es kaum mit den anderen Kindern in Kontakt getreten." Sie könnte auch sagen: „Ja, und so ist es, seit es in den Kindergarten gekommen ist." Schließlich könnte sie sagen: „Ja, aber erst seit neuester Zeit. Früher war es viel kontaktfreudiger und geselliger." Dreimal ein „ja", aber drei verschiedene Antworten. Im Fragebogen käme dies wohl nicht zum Ausdruck.

Wie für die anderen schematisierten Aufzeichnungsformen gilt auch für die Fragebögen, dass nicht mehr herauskommt, als hineingesteckt worden ist. Bei jedem einzelnen muss geprüft werden, ob er einfallsreich genug zusammengestellt wurde, um tatsächlich ein nützliches Instrument abzugeben. Wenig nützlich wäre es, wenn die im ausgefüllten Fragebogen enthaltenen Informationen zu dürftig sind, um einem Außenstehenden ein anschauliches Bild von der Persönlichkeit eines Kindes zu vermitteln. Schwierig wird es für den Beurteiler, wenn er keine Möglichkeiten hat, sein Urteil zu gewichten oder selbstkritisch mit Abstrichen zu versehen. Gefährlich werden Fragebögen, wenn sie den Beurteiler ausdrücklich von der Verpflichtung entbinden, sein Urteil durch Beobachtungen zu belegen.

Angesichts eines Fragebogens wird Erzieherinnen häufig der Satz auf den Lippen liegen: „Was ich zu diesem Kind eigentlich sagen wollte…“. Die Gelegenheit zu Gesprächen und näheren Erläuterungen sollten sie sich nicht nehmen lassen, besonders in der Zusammenarbeit mit Mitarbeiterinnen und Mitarbeitern anderer Institutionen. Ein Fragebogen, der ‘Informationen abruft’, darf nicht das Gespräch zwischen Fachleuten ersetzen, die für ein Kind und seine Förderung gemeinsam Sorge tragen. Dies gilt auch und besonders für sog. ‘Problemfälle’.

Für ihre eigenen Zwecke kann die Erzieherin aus einzelnen Fragen eines Beurteilungsbogens vielleicht Anregungen gewinnen, worauf sie achten könnte. Sie wird diese Fragen aber nicht so bündig und einfach beantworten können, wie ein Fragebogen dies nahelegt. Statt dessen wird sie differenziertere Formen der Beobachtung und der Aufzeichnung verwenden müssen, von denen jetzt die Rede sein wird.

4. Frei formulierte Schilderungen

Mit dem Ausdruck 'frei formuliert' ist gemeint, dass es der Erzieherin überlassen bleibt, in welcher Form sie ein Ereignis, das sie beobachtet, schildert oder schriftlich festhält. Dies bedeutet weder 'willkürlich' noch 'leicht'; es ist schwierig, eine Beobachtung anschaulich und präzise im Ausdruck wiederzugeben. Drei Fehlertypen sollen zeigen, wie leicht man es sich zu leicht machen kann:

- Manche Schilderungen sind zu kurz und sagen daher wenig aus,
- manche geben nur das äußere Geschehen, nicht das Verhalten und Erleben der beteiligten Kinder wieder,
- manche operieren zu früh mit 'Fachausdrücken'.

Zu kurze Schilderungen

Notizen wie „10.30 Uhr: Ines und Petra streiten." oder
„Freitag, 4.3.83, 17 Kinder.
8.00 Uhr: Freispiel
10.30 Uhr: Spiele im Freien
11.15–11.45 Uhr: Schlusskreis Kasperle"

können höchstens als Stichwortgeber für die Erzieherin dienen, die dabei war; dem Außenstehenden sagen sie kaum etwas. Aber auch ihr Wert als Rettungsanker für die Erinnerung nimmt meistens sehr schnell ab; schon nach wenigen Tagen kann sich auch die Schreiberin häufig nur noch an einige Einzelheiten erinnern.
Kürze führt häufig zu Ungenauigkeiten, denn verschiedene Zuhörer oder Leser können aus einer Schilderung sehr verschiedene Dinge herauslesen, weil sie sich das, was nicht gesagt wird, dazudenken.

„Sie spielten lange zusammen." – Wie lange?
„Er war beim Mittagessen der Störenfried am Tisch." – Wie sah das aus?
„Maria ist lebhafter geworden." – Was tut sie, was sie bisher nicht tat?
„Torsten langweilt sich." – Woran sieht man das?
Es hilft nichts – die Erzieherin muss sich die Zeit nehmen und sagen, was genau sie gesehen hat, weil eine ungenaue Schilderung niemandem nützt.

Manchmal fehlen zusätzliche Erläuterungen, die für das Verständnis des Vorgangs von Bedeutung sind, z. B.:

„Drei Jungen stören sich in der Bauecke immer wieder gegenseitig." – Womit beschäftigen sie sich? Wie alt sind sie?
„Gina will Moritz den Roller nicht geben." – Existiert in der Gruppe eine Regel, wonach Kinder sich beim Gebrauch von Spielgeräten nach einer gewissen Zeit abwechseln sollen?
„Stefanie fragt die Erzieherin, ob sie die Fische füttern kann." – Nichts Aufregendes, wenn man nicht dazusagt, dass Stefanie seit ihrem Eintritt in den Kindergarten fast kein Wort mit den Erzieherinnen gesprochen hat.
„Markus lehnt Stefans Vorschlag, in den Sandkasten zu gehen, ab." – Auch nichts Bemerkenswertes, wenn man nicht dazusagt, dass Markus Stefans Vorschlägen sonst regelmäßig folgt.

Da eine Schilderung immer nur einen Ausschnitt aus einer Geschehensabfolge herausgreift, kann das Bemühen um kurze, knappe Wiedergabe dazu führen, dass der Ausschnitt zu kurz gewählt wird. Manchmal ist aber für das Verständnis einer Episode entscheidend, zu wissen, was vorher war bzw. was später folgte:

„Sandra nimmt Stefanie den Bagger weg, um selbst damit zu spielen. Stefanie zeigt keine entschlossene Gegenwehr." – Der Witz der Geschichte besteht darin, dass Stefanie den Bagger ihrerseits Sabine abgenommen hatte, also unrechtmäßige Besitzerin war.

„Anne kommt in den Nebenraum, wo Martin mit Legosteinen spielt. Er läßt sie zwar mitmachen, behält jedoch alle Räder für sich, weil er sie angeblich alle braucht. Anne protestiert nicht." – Die Geschichte ist noch nicht zu Ende: Am nächsten Morgen kommt Martin nicht in den Kindergarten. Als Anne die Erzieherin das zu einem anderen Kind sagen hört, geht sie umgehend zur Legokiste. Als erstes sammelt sie sich alle Räder heraus.

Wiedergabe des äußeren Geschehens

Schilderungen und Protokolle von Beobachtungen sind keine Tätigkeitsnachweise. Sie sollen nicht dazu dienen, aufzulisten, welche Angebote eine Erzieherin im Laufe eines Vormittags gemacht hat:

„Montag, 14.3.83

8.00-9.15	Eingliederung der Kinder in die Gruppe. Elterngespräche.

9.30-11.00 Gruppe der Schulkinder:
- Bilderbuch: Dies und das kann Fridolin.
- Anschließend: Legen von geometrischen Figuren.

11.15-11.45 Spielrunde:
- Ich sehe was, was du nicht siehst.
- Einer fehlt im Kreis."

Die Aufzählung benennt Themen und Tätigkeiten, aber sie beschreibt nicht, was bei diesen Tätigkeiten *passiert* ist: Was geschah bei „Ich sehe was, was du nicht siehst"? Was an diesem Spiel macht es für Kindergartenkinder interessant? Was geschah an diesem Morgen während des Spiels, was vorher noch nicht zu beobachten war?

Es ist natürlich naheliegend für eine Erzieherin, sich zu fragen: „Was habe ich gemacht?" anstatt zu fragen: „Was haben die Kinder dabei erlebt?" Umso entschiedener muss sie sich aber immer wieder sagen, dass es darauf ankommt, was sie bei den Kindern bewirkt.

Eine andere Gefahr in diesem Zusammenhang besteht darin, den Ablauf eines Spiels durch äußere Gegebenheiten, etwa durch die Spielregeln zu beschreiben. Wichtig ist aber eine Beschreibung, wie sich die Kinder beim Spiel verhalten, was sie erleben, was sie kennenlernen.

▶ Ein Spiel mit simplen Regeln: In einem Kreis singender Kinder läuft ein Kind mit einem Tamburin; ihm schließen sich nacheinander mehrere Kinder an. Was geschieht?
Georg, ein jüngeres Kind, darf anfangen. Er erlebt eine herausgestellte Position: Andere Kinder schauen auf ihn, richten sich nach ihm. Er gibt den Takt an, er bestimmt, welchen Weg innerhalb des Kreises die Kinderschlange nimmt. Während des ganzen Spiels strahlt er mit weit geöffneten Augen und vollem Lachen alle Personen an, an denen er vorbeikommt. ◀

Eine dritte äußere Gegebenheit ist das Produkt, das bei einer Tätigkeit entstanden ist. Entscheidender ist aber die Tätigkeit, die zu diesem Produkt geführt hat: „Peter hat einen Luftvogel gefaltet und bemalt." Hat er Schwierigkeiten gehabt? Hat er sich helfen lassen? Von wem? Hat er das Werk anderer Kinder imitiert oder hat er eigene Ideen einfließen lassen? Ist er in Kontakt zu anderen Kindern gekommen? Ist er stolz auf sein Werk oder ist es ihm bald gleichgültig?

Besonders für die Darstellung erzieherischer Arbeit nach außen ist es wichtig, die *Funktion* von Spielen und Tätigkeiten zu vermitteln. Spielformen und Produkte sind – verglichen mit denen anderer Altersstufen – bei Kindergartenkindern tatsächlich einfach und geraten deshalb in Gefahr, nachsichtig belächelt zu werden. Umso wichtiger ist es, überzeugend schildern zu können, welche Erfahrungen, welche Erlebnis- und Förderungsmöglichkeiten bei den Kindern damit verbunden sind.

> „Ein Kind kann auf einem Bild im Bilderbuch … einen Ball sehen. Wir können ihm sagen bei der Bilderbuchbetrachtung: 'Sieh mal, Sabine, das ist ein Ball', und bald wird Sabine wissen, wenn dieses Bild wieder auftaucht, daß das ein Ball ist. So können wir als Erwachsene denken. Aber welche Erfahrung macht das Kind nicht und wird es auch aus Büchern alleine und aus Bildern nie erfahren?
> Daß ein Ball leicht ist, er kann springen, er ist rund, er kann rollen, ich kann ihn werfen, ich kann ihn auch jemandem zuwerfen, also damit Kontakt aufnehmen, der Ball ist glatt, aber es gibt auch Bälle aus Leder. All diese Dinge erlernen Kinder nur im Umgang mit dem Ball, im einfachen Spiel mit einem Ball. Und wie häufig denken wir: Nun steht Sabine da schon wieder rum und tut nichts als nur mit diesem Ball rumhampeln. Aber Ihr Kind tut etwas dabei und lernt auch sehr viel dabei." (*Peppel*, S. 2 f.)

Verwendung von ‚Fachausdrücken'

Ein *hyperaktives* Kind soll in die Gruppe *integriert* werden, ein *sensibles* wird *verstärkt.* Eine erzieherische Aktivität ist mitten in der *Motivationsphase*, das *Feedback* der Ergänzungskraft ist ermutigend. Der *Egozentrismus* der Kinder erschwert *demokratisches* Zusammenleben.

Was geschieht da eigentlich?

Manchmal werden Erzieherinnen mit Ausdrücken dieser Art ungewollt konfrontiert. Auf der ewigen Suche nach dem treffenden Ausdruck nehmen ihre Gesprächspartner Zuflucht zu Begriffen, die zumindest in die angestrebte Richtung zu weisen scheinen und die manchmal auch gleich eine 'Erklärung' mitzuliefern versprechen. Der Erzieherin wird aber klar sein, dass mit Begriffen wie 'hyperaktiv' oder 'sensibel' höchstens eine Suchrichtung vorgegeben ist. Fragt eine Mutter, ob ihr Kind wirklich 'sprunghaft' sei, wird sie zu beobachten und zu schildern versuchen, wie und in welchem Rhythmus das Kind in der Gruppe seine Aktivitäten, Interessen und Spielpartner wechselt.

Beim Gespräch unter Kolleginnen können Fachausdrücke viel Zeit sparen. Beim Wort „Schellenring" z. B. sind sich alle Beteiligten einig, welches Musikinstrument gemeint ist und müssen nicht viele Worte machen. Dreht sich das Gespräch aber nicht um Gegenstände, sondern um Verhaltensweisen oder soziale Beziehungen, besteht immer die Gefahr, dass die Gesprächspartner unter dem gleichen Begriff Verschiedenes verstehen, dass ihnen dies aber (wenn überhaupt) erst im Verlauf des Gesprächs klar wird. Der Weg über selbstgewählte umgangssprachliche Begriffe und die Beschreibung konkreter Vorgänge ist mühsam, aber in dieser Hinsicht risikoloser. Das wissenschaftliche Image ist sowieso eine zweischneidige Sache, wenn es sich lediglich im Wortschatz ausdrückt. Gerade die Erzieherin, die sich täglich neuen praktischen Problemen gegenübersieht, wird wissen, dass es auf sachliche Klärungen und Fortschritte ankommt und nicht auf ein sprachliches Gewand aus Latein, Englisch und angewandter Schachtelsatzkunde.

4.1 Themen der Beobachtung

Das folgende Beobachtungsprotokoll wurde im Rahmen einer Hospitation angefertigt:

▶ Michael, 5 Jahre alt – 1.12.72 – 9.00–9.05 Uhr

Situation: Michael spielt seit längerem mit Guido auf dem Bauteppich; sie bauen eine „Badewanne".

Michael sitzt in der Badewanne, hält mit der linken Hand einen roten Bauklotz, fährt sich damit über dem Gesicht hin und her, dreht den Kopf zur Seite, dann nach links, führt den Bauklotz zum Oberkörper, fährt kreisend über den Oberkörper.

Sagt zu Guido, blickt ihn an, unterbricht die kreisende Bewegung: „Jetzt holen wir die grünen Bausteine, die sind die Nagelbürsten, die braunen sind die Waschlappen." Steht auf, stützt sich dabei mit den Händen hinten ab. Beugt sich über den Bauwagen, knickt in den Knien ein, schiebt die obere Lade zur Seite, fährt mit den Augen über die Reihe der Steine, der Kopf bewegt sich mit, nimmt einen grünen Stein, legt ihn in die Badewanne.

Mit den Füßen tritt er die übrigen herumliegenden Steine zur Seite, geht abermals zum Bauwagen, kniet sich hin, holt mit der rechten Hand sechs blaue Steine heraus, hält sie mit beiden Händen an den Körper gepresst, steht auf, sagt jetzt: „Jetzt bekommt jeder ein Telefon."

Er wirft Guido drei Steine zu, kniet sich neben die Badewanne und baut in gebückter Haltung ein Telefon. Steht auf, geht über die herumliegenden Bausteine, überlegt, schaut herum, bückt sich, nimmt noch einen braunen Stein: „Seife und Bürste leg' ich übereinander."

Das Protokoll ist ausführlich und detailliert. Der erste Absatz ist ein gutes Beispiel dafür, wie man eine Deutung durch eine Beschreibung der Tatsachen ersetzt: Dort steht nicht etwa „Wäscht sich" oder „Tut so, als ob er sich wäscht", sondern eine Beschreibung der sichtbaren Vorgänge, die einer solchen Interpretation zugrunde liegen können.

Farbe und Zahl der ins Spiel einbezogenen Bausteine werden ebenso berichtet wie die Hand, mit der er etwas tut. Seine Äußerungen sind wörtlich wiedergegeben; in vielen Fällen ein sehr wertvoller Bestandteil von Schilderungen. Mancher Leser hätte sich vielleicht zusätzliche Details gewünscht: Wie sahen z. B. die „Badewanne und das „Telefon" aus? Was genau macht Guido, von dem nur gesagt wird, dass Michael „mit ihm spielt"?

In den Vordergrund soll aber jetzt die Frage gestellt werden, ob der Aufwand, den die Protokollantin getrieben hat, in einem angemessenen Verhältnis zum Ertrag steht. Wer davon ausgeht, dass Beobachtungen und Protokolle kein Selbstzweck sind, muss sich fragen: Worin liegt der Nutzen dieses Protokolls? Was ist demonstriert, illustriert oder aufgezeigt worden? Was wird über ein Kind, was über kindliches Spiel, was über Beziehungen zwischen Kindern ausgesagt? Für die Schülerin, die wahrscheinlich eine ihr übertragene Aufgabe zu erfüllen versucht hat, könnte sich entsprechend die Frage stellen: „Was habe ich nun von dem, was mich Zeit und Mühe gekostet hat? Was hatte diese Beobachtung für einen Zweck? Und was für einen Nutzen?"

Einiges lässt sich aus der Schilderung natürlich ablesen: Michael bleibt bei der Sache, entwickelt ständig neue Ideen, die sein Spiel variieren und weitertragen, und bezieht Spielzeug phantasievoll in sein Spiel ein, wobei gleichartige Gegenstände in verschiedener Funktion verwendet werden.
An anderen Stellen läuft die Beschreibung, insbesondere in ihrer Genauigkeit, aber gleichsam ins Leere: Welche Farbe die jeweils verwendeten Bausteine besitzen, hat keine offensichtliche Bedeutung. Welche Hand Michael jeweils benutzt, hätte sicher eine Bedeutung, wenn man sich auf diese Frage konzentrieren würde, aber dazu reicht das vorhandene Material nicht aus.

Man kann sagen, dass sich Ausführlichkeit und Genauigkeit einer Schilderung erst dann rechtfertigen, wenn das Thema der Beobachtung sie fordert. Erst wenn die Notwendigkeit besteht, eine Situation möglichst präzise und anschaulich zu beschreiben, *weil man damit etwas demonstrieren, bewirken oder sich selbst kla-*

rer machen will, dann wird man sich auch mit Überzeugung der Mühe unterziehen, das sicht- und hörbare Geschehen festzuhalten, den treffenderen Ausdruck zu suchen, den Ablauf des Geschehens aufzugliedern, Zusatzinformation zu notieren und das Ganze möglichst umgehend schriftlich zu fixieren:

Eine Beobachtung braucht ein Thema (oder mehrere Themen).

Wie ergibt sich ein Thema? Der eine Extremfall ist das Beobachten 'ins Blaue hinein' in der Hoffnung, etwas Neues zu finden, das sich genauer zu betrachten lohnt. Dabei ergibt sich erst im Laufe der Beobachtung ein Gesichtspunkt, der dann die thematische Führung übernimmt. So kann der Erzieherin, die sich zunächst nur vorgenommen hat, ein bestimmtes Kind genauer kennenzulernen, auffallen, dass es nur mit *einem* anderen Kind der Gruppe öfter Kontakt hat. Dieser Umstand kann das Thema einer Reihe von gezielteren Beobachtungen werden.

Der andere Extremfall ist das vollständig vorgegebene Thema, bei dem andere mögliche Gesichtspunkte von vornherein ausgeblendet werden. Ein solches Vorgehen ist typisch für an Schemata gebundene Beobachtungen. Man kann aber auch Material zu einem bestimmten Thema sammeln, ohne ein Aufzeichnungsschema zu verwenden.

Wenn wir davon ausgehen, dass sich ein Thema mit einer einzelnen Beobachtung kaum erschöpfen wird, dann lässt sich vermuten, dass Beobachtungsreihen verschiedene Phasen haben, in denen abwechselnd die Gewinnung von Themen und die Gewinnung von Material im Vordergrund stehen. Im Lauf der Zeit kommen neue Gesichtspunkte ins Spiel, alte Ansichten werden differenziert, ggf. korrigiert. Je mehr Fragen sich aufdrängen, je verwickelter und widersprüchlicher ein Sachverhalt zunächst aussieht, desto lohnender ist i.d.R. die Beschäftigung damit.

Beobachtungen können sich auf das Allgemeine oder auf das Besondere konzentrieren. Beim Eingangsbeispiel könnte man fragen: „Was an Michaels Spiel ist typisch für Kinder im Kindergartenalter?" Man könnte auch fragen: „Was daran ist typisch nur für dieses eine Kind? Wie unterscheidet sich seine Art, zu spielen, von der anderer Kinder in der Gruppe?"

Häufig ist zu hören, dass für die Erzieherin das Besondere im Vordergrund zu stehen habe. Die „spezielle Situation eines Kindes" soll beobachtet werden, „Eigenheiten einer Gruppe", „spezifische Schwierigkeiten", „auffällige Verhaltensweisen". Solche Beobachtungen sind sicher sehr nützlich und wertvoll für diejenigen, die sie durchzuführen vermögen. Für die anderen Beobachter ist es mit einem bloßen Appell nicht getan. Man muss eher befürchten, dass derjenige, der nicht gelernt hat, das Alltägliche, Gewohnte, Typische zu sehen und zu beschreiben, auch das Besondere, Abweichende, Einzigartige nicht bemerken wird. Dies führt auch zu der Annahme, dass bei speziellen Aufgaben, etwa der Beobachtung „verhaltensauffälliger" Kinder, spezielles, womöglich stark strukturiertes Material allein wenig hilft. Auch für solche Aufgaben ist stattdessen die genaue Wahrnehmung und Beschreibung des Alltäglichen die beste Vorbereitung.

Im Folgenden sind einige mögliche Themen der Beobachtung zusammengestellt. Sie gehen vom 'Üblichen', Gewohnten aus, etwa von typischen Eigenarten kindlichen Erlebens und Verhaltens. Jedes Thema läßt sich allerdings leicht in ein 'besonderes' umwandeln, wenn man sich fragt, wie bei einem Kind eine bestimmte Verhaltensweise spezifisch ausgeprägt und in die Persönlichkeit eingebunden ist. Die Zusammenstellung erhebt selbstverständlich keinen Anspruch darauf, mögliche Themen der Beobachtung auch nur einigermaßen repräsentativ abzudecken.

(1) Beobachtungsthema: Eigenarten kindlichen Erlebens und Verhaltens

– Bei welchen Gelegenheiten lassen sich kindliche *Gestaltungskraft* und *Gestaltungsfreude* besonders eindrucksvoll beobachten? Beispiele:

▶ Kinder stiften leicht Verbindungen zwischen verschiedenem Spielzeug, auf die ein Erwachsener nur schwer kommen würde: „Die Kinder haben Spielzeug erhalten, Fritz den Rollwagen, Rudi den Kaufmannsladen. Zwischen diesem beziehungslosen Spielzeug fand er die Brücke: Von dem Wagen wird Zucker abgeladen, der im Laden verkauft wird. In dieser Weise zog er auch das andere Spielzeug in seinen Bereich, so daß er bald mit einer Reihe von Kindern spielte." (*Lichtenstein*, S. 318) ◀

▶ Kinder verwenden Spielzeug eigenwillig und schöpferisch: „Lotte hat (aus den Fröbelschen Gaben) Täfelchen und stellt sie hintereinander auf. Sie spielt mit ihnen Eisenbahn, statt aus ihnen einen Gegenstand zu legen." (*Lichtenstein*, S. 320) ◀

▶ „Eines der bekanntesten Lernmittel besteht in einem Brett mit einer Reihe von runden Löchern abnehmender Größe und ebensovielen Zylindern verschiedener Dicke; das Kind soll von selbst darauf kommen, jene Zylinder in die passenden Öffnungen zu setzen, und es soll daran die Unterscheidungen verschiedener Dicken und das Herstellen einer Reihe lernen…
Wenn nun das mit dem Einsatzbrett spielende Kind auf den ganz un-montessorischen Gedanken kommt, den dicksten Zylinder als

Papa, den nächsten als Mama, die folgenden als die Kinder anzusehen und mit ihnen ‚Puppen' zu spielen? Oder die Zylinder *unter* das Brett zu legen und dies nun darauf rollen zu lassen als Eisenbahn?" (*Stern*, S. 195, Hervorhebung im Original) ◀

Die Funktion eines Gegenstandes kann im Verlauf eines Spiels wechseln. Ein Holzklotz wird nacheinander Tankstelle, Mauer und Telefonhörer. Ein gezeichneter Mond bekommt Ohren und wird dadurch zum Löwen.

Kinder haben Schwierigkeiten mit Tätigkeiten, bei denen sie nicht schöpferisch sein können: „Während dem Erwachsenen das Kopieren einer Vorlage viel leichter zu sein scheint als das freie Zeichnen, liegt es beim Kinde, insbesondere beim Kleinkind, gerade umgekehrt. Was dem Beobachter zunächst auffällt, ist etwas Negatives: Eine überraschende Unfähigkeit, eine noch so einfache Vorlage einigermaßen getreu nachzubilden – selbst bei solchen Kindern, die beim freien Zeichnen schon erkennbare Schemata zustande bringen. Die Aufgabe liegt auch dem Kinde nicht; aus spontanem Interesse wird sich das sonst so zeicheneifrige Kind kaum je intensiver auf Abzeichnen einlassen." (*Stern*, S. 323). Hier wird zwar keine Einzelbeobachtung geschildert; das Beispiel wurde dennoch gebracht, auch um den Gedanken zu illustrieren, dass sich die Bedeutung eines Faktors wie z. B. Gestaltungsfreude auch sehr anschaulich durch Geschehnisse illustrieren lässt, bei denen er ‘stört'.)

– In welcher Weise organisieren Kinder ihr Spiel als Spielprozess (*Merker, Rüsing & Blanke*)?
  Kinder unterscheiden nicht zwischen ‘Vorbereitungs-' und ‘Spielphase', sondern entwickeln organisch eine Grundidee fortlaufend weiter:
  „Die Kinder handeln nicht in der Weise, daß sie sich vornehmen, einen Käfig zu bauen, um nach Fertigstellung darin z. B. Tiger zu spielen, sondern sie sind bereits beim Bauen Tiger oder eine andere entsprechende Rolle.
  So stellen sie etwa Tische nebeneinander und krabbeln sofort als Tiger darüber. Erst dann fällt es ihnen ein, Umgrenzungen für die Käfige zu bauen, die wiederum zu Spielen anregen...

  Zwischendurch besuchen die Kinder die anderen Gehege, bauen weiter, verändern wieder oder bessern aus, was sich im Spiel als zu instabil erwiesen hat." (*Merker, Rüsing & Blanke*, S. 136 f.)

  Der Vorgang, die Tätigkeit ist das Wichtige. Das Produkt zählt nach seiner Fertigstellung nur noch, wenn es eine andere Bedeutung oder Funktion hat: „Manchen Kindern ist der Gegenstand, sobald er fertig ist, vollständig gleichgültig. Sie zerstören ihn oder werfen ihn achtlos herum...

Ernst (5 J.) sagt bei jedem Strich: 'Wenn ich fertig bin, schenke ich die Karte meiner Mutti."' (*Lichtenstein*, S. 322)

Kinder neigen dazu, Wahrgenommenes unmittelbar in aktives Handeln umzusetzen. Ein Beispiel von Bleckmann wurde im 1. Abschnitt zitiert (S. 17).

Meist wissen Kinder sehr genau Fiktion und Wirklichkeit zu unterscheiden, dies wird schon durch die Wortwahl erkennbar („Ich *wär'* der Vater und du das Kind"), manchmal auch durch ausdrückliche Erläuterungen: „Christl (4;2) bringt der Puppe zu essen. *Jetzt kriegst du eine Semmel (ein Stückchen Pappe). Nein, eigentlich ist es keine richtige Semmel. Aber ich weiß es halt nicht.*" (*Hetzer*, zit. nach *Stern*, S. 243; Hervorhebung im Original)

Manchmal allerdings wird die Grenze fließend und verschwimmt: Hilde (4;11) und Günter (2;8) „spielen oft miteinander: 'der Löwe kommt' oder 'der Hund kommt' oder dergleichen. Eines kriecht dann auf allen vieren durchs Zimmer, und das andere läuft scheinbar furchtsam fort. Der Löwe oder Hund macht nun nicht einmal greulichen Lärm oder zeigt gar die Zähne oder Tatzen – es sind sehr zahme Tiere – nichtsdestoweniger fängt der Verfolgte oft so ängstlich an zu schreien und kommt so gehetzt zur Mutter geflüchtet, dass man vollkommen unter dem Eindruck steht: Das ist nicht nur 'gespielte' Angst, hier kommt durch Autosuggestion etwas von wirklicher Angstempfindung hinzu." (*Stern*, S. 418)

– Bei welchen Gelegenheiten zeigen Kinder, wie sehr sie in einer *Bilderwelt* leben, wie sehr ihr Denken anschauungsgebunden ist?

▶ Es ist vorgekommen, dass ein Junge auf die Aufforderung seines Vaters „Komm, wir machen uns auf die Socken!" reagierte, indem er begann, sich die Schuhe auszuziehen. ◀

– An welchen Beobachtungen lässt sich zeigen, dass für Kinder Dinge, die keine aktuelle Bedeutung haben, einfach nicht existieren?

▶ „So entdeckte mein Sohn erst mit 5;9 in unserem Korridor ein ziemlich großes Bild, den Marktplatz einer alten Stadt darstellend, das etwas über Augenhöhe des Kindes seit vier Jahren am gleichen Platze hing. Es hing der Eingangstür gegenüber, deutlich von der Wand abgehoben, so dass der Blick darauffallen 'mußte'. Es war das einzige Bild im Korridor. Der Junge entdeckte es, als er mit großer Beteiligung die Reparaturarbeit eines Handwerkers an der Korridorwand verfolgte. Die Gegenstände im Korridor wurden dadurch in eine besondere Beteiligung hineingezogen, so daß das Bild, das er täglich hundertmal wahrzunehmen Gelegenheit gehabt hätte, erst jetzt für ihn da war. Er war selbst überrascht: 'Was ist das für ein Bild? War das immer da?"' (*Hansen*, S. 213) ◀

– Lassen sich Beispiele dafür beobachten, dass Kinder 'im Ganzen' erleben und ihnen Auftrennungen und Zergliederungen schwerfallen?

▶ Ein Kind zeigt einem anderen das Herstellen von Eistüten aus Papier: „Dabei treten Schwierigkeiten auf. Walter zeigt zwar immer wieder das Tütenrollen, versteht es aber noch nicht, den Vorgang in einzelnen Schritten zu zeigen, so daß Peter lediglich begreift, daß das Papier gerollt werden muß, aber nicht, daß es schräg zu rollen ist. So erhält er jedesmal statt einer Tüte eine einfache Rolle." (*Merker, Rüsing & Blanke*, S. 33 f.) ◀

▶ Kleinkinder tendieren dazu, Gedichte im Ganzen auswendig zu lernen, nicht Strophe für Strophe: „Da die fünfjährige Eva ein Weihnachtsgedicht für den Vater lernen soll, mit dem Anfang: 'Im Walde steht ein Tannenbaum mit Nadeln spitz und fein, damit näht sich der Distelfink sein buntes Röckelein' und noch fünf weiteren entsprechend langen Strophen, genügt es, wenn die Mutter einige Tage lang morgens früh beim Anziehen der Kleinen zweimal das ganze Gedicht vorsagt; sie spricht es nach und mit, und nach wenigen Tagen ist es ohne jede Mühe eingeprägt." (*Stern*, S. 200, Hervorhebung im Original) ◀

– Lässt sich aus Äußerungen von Kindern ablesen, dass ihre intellektuelle Entwicklung nicht aus dem Aneignen von Wissen besteht, sondern in andauernden Bemühungen, Zusammenhänge zu erkennen und Verbindungen zu stiften?

▶ Steffen (5 J.) hat im Fernsehen einen Heißluftballon gesehen und dazu die Erklärung, dass der Ballon wegen der in ihm befindlichen heißen Luft hochsteige. Er weiß außerdem, dass Verkehrsflugzeuge sehr hoch fliegen. Am nächsten Morgen erklärt er, er wisse jetzt, warum sie so hoch flögen: Wenn Ballons mit heißer Luft fliegen können und diese hochsteigt, dann können Flugzeuge da besser fliegen, wo die heiße Luft dann ist, nachdem sie gestiegen ist.
Dieser Erklärungsversuch zeigt dreierlei: Erstens das Bemühen, Gedankenverbindungen herzustellen, zweitens das Bestreben um eine geschlossene, vollständige Erklärung, drittens die Tatsache, dass kleine Kinder kaum verstehen, was sie nicht unmittelbar erfahren, be'greifen' können. ◀

(2) Beobachtungsthema: Formen des gemeinsamen Spiels: Die Entwicklung vom Nebeneinander zum Miteinander

- Manches Spiel scheint einfach darin zu bestehen, dass mehrere Kinder sich in enger räumlicher Nachbarschaft in gleichartiger Weise beschäftigen. Lässt sich dennoch beobachten, dass der Gedanke, etwas *gemeinsam* zu tun, für die Kinder von Bedeutung ist?

  Vielleicht lässt sich eine *Anregungswirkung* erkennen: Ein Kind sieht ein anderes am Tisch sitzen und malen, setzt sich dazu und beginnt ebenfalls zu malen. Manchmal zeigen sich Indizien für eine *Präsenzwirkung:* Die bloße Anwesenheit eines anderen Kindes bewirkt, dass ein Kind sich anders verhält als allein: Es bleibt vielleicht länger bei der Sache oder es wird vom hektischen Spielverlauf angesteckt.

  Gespräche, auch kürzere, zeigen oft besonders deutlich, dass die Anwesenheit des anderen Kindes von Bedeutung ist. Im einfachsten Fall können Unterhaltungen aus kurzen Hinweisen bestehen („Ich mach' was!" „Ich auch!"), während ansonsten Schweigen herrscht – simple Keimformen des Zusammenspiels.

- Manchmal spielen Kinder in der Weise zusammen, dass sie ein gemeinsames Thema haben, welches sie aber individuell ausgestalten.

  ▶ Frau Klein ist mit Mahi, Markus, Pino, Giovanni und Frank in der Bauecke. Alle beschäftigen sich mit Dingen, die mit Autos zu tun haben: Frau Klein, Giovanni und Frank bauen eine Garage, in der Autos stehen. Markus und Pino haben eine schräge Rampe gebaut, auf der sie ein Auto herunterfahren lassen. Mahi baut eine Straße und ein Gebäude, das offensichtlich eine Tankstelle darstellen soll. Abgesehen davon, dass die Kinder sich hinsichtlich Platz und Bauklötzen arrangieren müssen, ist das gemeinsame Thema den Kindern offenbar wichtig: Ab und zu wird ein Auto von einem Ort zum anderen gefahren, manchmal kommt eine Unterhaltung auf, die sich um das Thema 'Auto' dreht, wenn auch nicht um die jeweilige Tätigkeit. ◀

- Eine nächste Spielstufe ist erreicht, wenn sich verschiedene, aufeinander bezogene Rollen ausbilden und die Kinder fortlaufend auf die Ideen der anderen eingehen, um das gemeinsame Thema weiterzuführen. Es entstehen Spielformen, die ein Kind auf keinen Fall mehr allein durchführen kann.

  Sind die verschiedenen Rollen ungleichgewichtig? Dominiert ein Kind eindeutig und schreibt den anderen bis ins Detail vor, was sie zu tun und zu lassen haben?

Oder sind die Rollen bei aller Verschiedenheit gleichgewichtig? Kann jeder Mitspieler eigene Ideen äußern und ins Spiel einbringen? Wird der Zustand einer „Puzzle-Gruppe" (*Timäus & Lück*) erreicht, in der sich jeder Mitspieler in seiner Funktion von den anderen unterscheidet und in der jeder für das Spiel notwendig ist?

Ein erheblicher, aber lohnender Aufwand besteht darin, einmal festzuhalten, welche thematischen Wendungen, Windungen, Variationen, Neubelebungen, Krisen, Brüche, Kontinuitäten und Ausdifferenzierungen im Verlauf eines solchen 'Spielprozesses' zu beobachten sein können. *Merker, Rüsing & Blanke* beschreiben solche Prozesse, die sich über Tage bzw. Wochen hinweg erstreckten. Aber auch Spiele, die nicht so lange dauern, offenbaren oft viel schöpferische Gestaltungskraft.

- Welche Techniken wenden Kinder an, um bei einer Spielgruppe mitmachen zu können? Welche sind erfolgreich, welche nicht?

Eine der Standardsituationen, denen sich eine Erzieherin gegenübersieht, ist die Klage von Kindern: „Die lassen mich nicht mitspielen!" Daher lohnt es sich, genauer zu beobachten, was passiert, wenn ein Kind 'mitmachen' will: Versucht es, nach dem Motto:
„Hoppla, jetzt komme ich!" einzusteigen, womöglich den anderen Kindern gleich vorzuschreiben, was sie von jetzt an zu tun haben und ihnen zu erklären, warum sie bis jetzt „falsch" gespielt haben?

Macht es einfach mit, ohne etwas zu sagen, ohne förmliche Anfrage? Ignoriert es auftretenden Widerstand einfach und hat damit Erfolg? Bereichert es das Spiel, indem es eine neue Idee oder Variante einbringt, als Mitgift sozusagen?

Versucht es gar nicht ernsthaft, in die Spielgruppe aufgenommen zu werden, sondern schaut nur aus der Entfernung zu oder umkreist die Gruppe, ohne etwas zu sagen?

(3) Beobachtungsthema: Helfen, Trösten, Anteilnehmen

- Suchen Kinder von sich aus bei anderen Hilfe, wenn sie allein nicht zurechtkommen? Wird diese Hilfe bei den Freunden bzw. Freundinnen gesucht oder bei allen Gruppenmitgliedern?

- Bieten Kinder von sich aus Hilfe an? Geschieht dies während eines gemeinsamen Spiels, z. B. beim Basteln oder in der Bauecke, oder geht ein Kind auf ein anderes zu, ohne mit ihm in Kontakt gewesen zu sein, z. B. beim Umziehen?

- Versuchen Kinder einander zu trösten, sei es durch aufmunternde Worte, sei es durch Körperkontakt? Beschränkt sich dies auf den besten Freund oder die beste Freundin, oder zeigen Kinder ein solches Verhalten auch gegenüber den Gruppenmitgliedern, mit denen sie keine besonders enge Beziehung verbindet?

> „Steffen spielt gerne im Rollenspiel das Baby. Sabine bemuttert ihn oft. Sie sagt: 'So hast Du es gerne, wenn jemand lieb zu Dir ist und Dich streichelt!' und nimmt ihn auf den Schoß." (*Verlinden & Haucke*, S. 30)

> „Es beginnt zu blitzen und zu donnern. Björn läuft zu seinem älteren Bruder. Der legt seinen Arm um Björns Schulter." (ebd.)

- Zeigen Kinder in anderer Weise Aufmerksamkeit oder Mitleid füreinander, beispielsweise durch Bemerkungen gegenüber Dritten oder durch Blickkontakt?

Bei der Suche nach entsprechenden Beobachtungen wird man besonders hier berücksichtigen müssen, dass man nach den kleinen Schritten, nicht nach spektakulären Ereignissen Ausschau halten sollte (vgl. *Bleckmann*). Zwei Beispiele:

> Vier Kinder spielen ein Spiel, bei dem reihum gewürfelt und die entsprechende Zahl kleiner Holzkirschen auf einen Baum gelegt werden soll. Marina hat eine 'Sechs' gewürfelt, nimmt aber keine Kirschen; offenbar weiß sie nicht, wie viele sie zu nehmen hat. Thomas zählt sechs Kirschen ab, geht um den Tisch und gibt ihr die Kirschen in die Hand: „Da. Jetzt leg' sie hin!"

> Jens ist erst seit einigen Tagen im Kindergarten. Als seine Mutter, die ihn gebracht hat, den Gruppenraum verlässt, beginnt er leise zu weinen. Nach und nach verstummen die Unterhaltungen der ca. acht Kinder, die im Gruppenraum sind. Sie schauen zu Jens hinüber, zu dem sich die Erzieherin setzt. Als Jens aufhört zu weinen, nehmen die anderen Kinder ihre früheren Tätigkeiten wieder auf. Die Mienen einiger Kinder, die einen betroffenen und ernsten Eindruck machten, hellen sich wieder auf.

- Wie reagiert das Kind, dem Hilfe, Trost oder Anteilnahme gegolten haben? Reagiert es positiv, z. B. mit Dank oder einem Lächeln? Zeigt es keine erkennbare Reaktion? Zeigt es sogar Anzeichen von Abwehr? Versucht es, seine Abwehr zu erklären („Ich will das allein schaffen!")?

(4) Beobachtungsthema: Verlauf von Konflikten und Auseinandersetzungen

- An welchen Orten und zu welchen Zeiten ergeben sich besonders häufig Konflikte? Sind bestimmte räumliche Gegebenheiten oder bestimmtes Spielmaterial oder bestimmte Tätigkeitsformen besonders konfliktträchtig?

- Welche Rollen lassen sich im Verlauf eines Konfliktes unterscheiden? Hierbei ist zu beachten, dass die Rollenzuschreibungen zunächst nur für die aktuell beobachtete Situation Gültigkeit haben und keine dauerhafte Etikettierung der Kinder darstellen.

  Manche Kinder greifen – zuweilen sehr schnell und heftig – zu aggressiven Mitteln, um ihre Ziele und Absichten durchzusetzen. Andere beschränken sich meist darauf, ihren Platz oder ihr Spielzeug zu verteidigen und sind zufrieden, wenn der alte Zustand wiederhergestellt wurde.
  Eindeutig in der Rolle des *Opfers* sind Kinder, denen die Mittel fehlen, um sich zu behaupten.
  Helfer können angeworben werden oder sich aus eigenem Antrieb zur Verfügung stellen. Manche Kinder kommen besonders Geschwistern und Freunden bzw. Freundinnen regelmäßig zu Hilfe, gleichgültig, welchen Grund und Verlauf die Auseinandersetzung hat.
  Rächer beanspruchen, erlittenes Unrecht 'wiedergutzumachen', wobei sie meist dieselben Mittel einsetzen wie das Kind, das sich als erstes aggressiv verhalten hat. So wird ein Kind, das ein anderes geschlagen hat, seinerseits geschlagen.
  Nutznießer sind die sprichwörtlichen 'lachenden Dritten', die mit dem Spielzeug abziehen, das Auslöser des Konflikts war. Schon in die Richtung des Rächers tendiert ein Kind, das einem anderen ein Spielzeug wegnimmt, das dieses einem dritten abgenommen hat.
  Zerstörer im Vorübergehen lösen oft einen Streit aus, ohne dass sie anderen etwas wegnehmen oder sich an deren Spiel beteiligen wollen. Alte Rechnungen können auf diese Weise 'beglichen' werden, manchmal haben Kinder sich geärgert, bevor ihnen das Opfer eher zufällig in die Quere kommt. Der Freund oder die Freundin wird 'nur so' geärgert, oder während er oder sie gerade mit einem anderen Kind spielt. Manches geschieht mehr oder weniger unbeabsichtigt beim Toben, Raufen oder Nachlaufen.
  Schlichter haben i.d.R. ein schweres Amt, besonders, wenn sie sich selbst ernannt haben und nicht von den Parteien gerufen wurden.

- Welche Mittel werden im Verlauf eines Konfliktes eingesetzt?

  Wird eins der Kinder oder werden alle handgreiflich? Gegen Personen und/oder gegen Sachen? Gleich zu Beginn der Auseinandersetzung oder erst nach dem Einsatz anderer Mittel?

Was sagen die Kinder zueinander? Versuchen sie, zu diskutieren oder zu argumentieren, oder arbeiten sie statt dessen mit Drohungen, Beschimpfungen oder Herabsetzungen? Sagen sie überhaupt etwas oder tragen sie eine der Auseinandersetzungen aus, in deren Verlauf kein Wort zu hören ist?
Beschränken sich die sichtbaren Zeichen auf Mimik und Gestik (Drohgebärden, Herausstrecken der Zunge o. ä.)? Ändern sich die Mittel, nachdem die Erzieherin die Kinder zur Ruhe gemahnt hat?

- Wie wird die Auseinandersetzung beendet?

  Setzt sich der Angreifer durch? Mit welchen Mitteln?
  Behauptet sich der Angegriffene? Wie?
  Versuchen die Kinder, eine konstruktive Lösung zu finden, indem sie z. B. verabreden, sich abzuwechseln?
  Greifen andere Kinder ein? Welche? Greift eine Erzieherin ein?

- Was geschieht danach?

  Sind Nachwirkungen der Auseinandersetzung beobachtbar oder nicht?
  Falls während eines gemeinsamen Spiels ein Konflikt auftrat: Wird das Spiel gemeinsam fortgesetzt?
  Reden Beteiligte oder Unbeteiligte über das Vorgefallene?

(5) Beobachtungsthema: Wettbewerb

- In welchem Ausmaß und bei welchen Gelegenheiten spielt der Gedanke des Wettbewerbs eine Rolle? Wo wird eine zunächst neutrale Tätigkeit zum Wettbewerb umfunktioniert? Wo schiebt sich der Gedanke des Wettbewerbs so in den Vordergrund, dass ein zunächst harmonisches Miteinander gestört oder beendet wird?

- In welchen Situationen werden Kinder durch Wettbewerb angespornt, in welchen werden sie entmutigt?

- Kommt es vor, dass Kinder sich einer Aufforderung zum Wettbewerb („Ich bin bestimmt schneller als Du!") entziehen oder sie einfach ignorieren?

- Wie verhalten sich die Kinder bei Tischspielen ohne Wettbewerbscharakter? Versuchen sie, den Gedanken des Wettbewerbs durch die Hintertür wieder einzuführen?

- Wie gehen Kinder mit Gewinnen und Verlieren bei Gesellschaftsspielen um? Können sie verlieren? Prahlen sie damit, dass sie gewonnen haben? Meiden sie ein Spiel, bei dem sie einmal nicht gewonnen haben? Versuchen sie, das Kind, das gewonnen hat, herabzusetzen oder lächerlich zu machen?

(6) Beobachtungsthema: Anführer(innen) beim gemeinsamen Spiel

- Gibt es Kinder, die öfter ein gemeinsames Spiel dirigieren und beherrschen? Zieht ein Kind alle Fäden an sich? Schreibt es den anderen bis ins Detail vor, was sie zu tun und zu lassen haben?
- Wo wird demgegenüber versucht, unterschiedliche Wünsche und Ansprüche gleichberechtigt ins Spiel einzubeziehen?
- Versuchen Kinder, sich mit Drohungen zu behaupten („Dann mache ich nicht mehr mit!“ „Dann darfst Du nicht mehr mitmachen!“ „Dann bist Du nicht mehr mein Freund!“)? Verlegen sich einzelne Kinder eher auf Verlockungen oder Schmeicheleien („Dann darfst Du auch…“ oder: „Das kannst Du doch so gut!“)?

(7) Beobachtungsthema: Zugehörigkeit zu einer bestimmten Gruppe

- Ist für die Kinder die Zugehörigkeit zu ‚ihrer' Gruppe von erkennbarer Bedeutung? Machen sie einen Unterschied zu Kindern anderer Gruppen? Ist die Betonung der eigenen Gruppe eher sachlicher Natur („Die Schippe gehört unserer Gruppe!“) oder ist damit eine Herabsetzung der fremden Gruppe(n) verbunden?
- Haben sich in einer Gruppe spezielle Gewohnheiten oder Eigenarten ausgebildet, durch die sie sich von anderen unterscheidet?

  Dies können Vorlieben für bestimmte Tätigkeiten, Bücher, Geschichten oder Feiern sein, bestimmte Worte oder Redewendungen, die sich in der Gruppe ausbreiten, bis hin zu Ritualen:

▶ In einer Tagesstättengruppe war es über einen Zeitraum von mindestens einem halben Jahr hinweg üblich, dass die Kinder die Teller, die beim Mittagessen auf den Tisch gestellt wurden, umdrehten, um zu kontrollieren, ob sie eine Nummer trugen. Teller mit und ohne Nummern hatten offenbar unterschiedlichen Wert; es wurde jedoch nicht versucht, anderen Kindern ihre Teller wegzunehmen oder Teller zu tauschen. ◀

(8) Beobachtungsthema: Jüngere Kinder in der Gruppe

– Was können sie noch, was ältere Kinder nicht mehr können?

▶ Die Erzieherin bereitet mit vier jüngeren Kindern Kresse-Quark zu. Bei allen Tätigkeiten (Abschneiden und Waschen der Kresse, Umrühren und Mischen des Quarks in einer Schüssel) wechseln die Kinder sich ab. Kommentar der Erzieherin: „Ich finde es erstaunlich, wie gelassen und ruhig die Kleinen warten, bis sie dran sind. Sie drängeln nicht und kritisieren nicht an dem herum, was ein anderes Kind macht.“ ◀

▶ Sieben jüngere Kinder turnen; jedes Kind hat einen Luftballon. Reihum macht eins der Kinder vor, was man damit machen kann; die anderen Kinder machen es dann nach. Kommentar der Erzieherin: „Mit älteren Kindern würde so etwas schnell zu Wettläufen führen; den Kleineren ist Wettbewerb noch fremd.“ ◀

– Sind kleinere Kinder unbefangener und aufrichtiger in ihren Äußerungen? Erzählen sie auch Dinge, die für sie unvorteilhaft sind? Nehmen sie noch nicht so viel Rücksicht auf ihr Prestige?

– Sind kleinere Kinder offener für Angebote der Erzieherin, noch nicht so eigenständig in der Gestaltung des Vormittags?

– Zeigen kleinere Kinder größere Freude über eigene Leistungen?

– Versuchen kleinere Kinder, bei den Großen mitzuhalten? Überschätzen sie dabei ihre Fähigkeiten? Wie reagieren sie auf Misserfolge dieser Art? Nehmen sie überhaupt einen Unterschied zwischen ihren Produkten und denen älterer Kinder wahr oder werden sie erst von diesen darauf aufmerksam gemacht? Wie reagieren sie in solchen Fällen?

– Was können kleinere Kinder noch nicht oder noch nicht so gut wie die älteren und wie wirkt sich das im Gruppenleben aus?

– Wie reagieren jüngere Kinder, wenn ihnen die Teilnahme an einem Spiel unter ausdrücklichem Bezug auf ihr Alter verwehrt wird („Hier dürfen nur Große mitmachen, ‘raus hier!“)?

– Imitieren kleinere Kinder Spiele der Großen? Was ist dabei an Abwandlungen des Spiels und eigenständigen Zutaten zu beobachten?

(9) Beobachtungsthema: Ältere Kinder in der Gruppe

- Wo und wie versuchen sie sich bewusst von den 'Kleinen' abzusetzen? Beanspruchen sie Vorrechte unter Hinweis auf ihr Alter?
- In welchen Situationen wirken sie als 'Stützen der Gruppe', indem sie beispielsweise anderen Kindern helfen, ihnen etwas erklären, auf die Einhaltung von Gruppenregeln achten?
- Bei welchen Gelegenheiten wirken die ältesten Kinder schon 'herausgewachsen' aus dem Kindergarten? Lassen sie erkennen, dass sich ihr Interesse stärker auf die Schule richtet? Welche Vorstellungen verbinden sie mit der Schule?
- Bei welchen Gelegenheiten wirken sie doch wieder als 'kleine Kinder'?

▶ Ingo beschäftigt sich meist mit anderen älteren Jungen und ist einer Rauferei nicht abgeneigt. Eines Morgens kommt er zu einem Besucher, der mit jüngeren Kindern Memory spielt, setzt sich zu ihm auf den Schoß, schaut zehn Minuten beim Spiel zu, bis es zu Ende ist und geht dann wieder. ◀

▶ Mario ist dasjenige Kind, das draußen am häufigsten in Raufereien verwickelt ist. Bei einem Nachlaufspiel stürzt er und tut sich weh. Weinend kommt er zur Erzieherin, um sich in den Arm nehmen und trösten zu lassen. ◀

(10) Beobachtungsthema: Beziehungen und Kontakte zwischen Kindern verschiedenen Alters

- Welche Spiele und Aktivitäten finden meist unter Gleichaltrigen statt, bei welchen spielen Kinder unterschiedlichen Alters eher miteinander?
- Bei welchen Gelegenheiten sind Hilfestellung und Rücksichtnahme von älteren gegenüber jüngeren Kindern zu beobachten?

▶ Marina (3;2) setzt sich zu Thomas (5;7), der sich ein Noten- und Liederbuch anschaut, in die Leseecke. Als sie mit der Hand herübergreift, um auf eine Zeichnung zu deuten, schiebt er die Hand zurück, jedoch langsam und ohne Gewalt anzuwenden. ◀

▶ Stefanie (3;2) schafft es nicht, den Reißverschluss zu schließen. Thomas (5;7) sagt ihr, dass sie sich an die Erzieherin wenden kann: „Sag: 'Frau Schmidt, mach mir die Hose zu!'“. Als Stefanie nicht zu verstehen scheint, wiederholt er: „Sag: 'Hose zu!'“. (Diese Episode ist auch ein Beispiel dafür, wie Kinder schon in Wortwahl und Satzbau auf den Entwicklungsstand jüngerer Kinder Rücksicht nehmen können.) ◀

- Bei welchen Gelegenheiten nehmen ältere Kinder keine Rücksicht, sondern spielen ihre körperliche oder intellektuelle Überlegenheit aus?

- In welchen Situationen lässt sich beobachten, dass jüngere Kinder sofort darauf verzichten, sich zu behaupten, wenn sie bei einem älteren auf Widerstand stoßen?

▶ Jens (3;6) geht in die Bauecke. Thomas (5;7) schaut kurz auf, sagt: „Raus hier!“ Jens dreht sich um und geht. ◀

- Wo werden jüngere Kinder zwar in ein Spiel einbezogen, jedoch in einer eher randständigen Rolle? Werden sie ausgenutzt („Hol' mir doch mal…“)? Wird ihnen genau vorgeschrieben, was sie zu tun und zu lassen haben, so dass ihnen keine Möglichkeit bleibt, ihre Einfälle und Vorstellungen ins Spiel zu bringen? Protestieren sie dagegen?

- Ist bei bestimmten Kinderpaaren ein besonders großes Ungleichgewicht in der Verteilung der Sympathie zu beobachten? Läuft das kleinere dem größeren Kind hinterher, das seinerseits nur selten oder überhaupt nicht auf das jüngere zugeht?

- Welche älteren Kinder suchen oft den Kontakt zu jüngeren? Welche Rolle nehmen sie dann im Spiel ein? Wie ist ihre Stellung innerhalb ihrer eigenen Altersgruppe – sind sie angesehen oder stehen sie dort eher am Rand?

(11) Beobachtungsthema: Neue Kinder in der Gruppe

- Wie gestaltet sich der Abschied von der Person, die das Kind bringt? Welche Trennungsreaktionen (z. B. Weinen, bewegungsloses Herumsitzen, Aus-dem-Fenster-Schauen) sind zu beobachten? Unmittelbar nach dem Abschied oder erst mit einer gewissen Verzögerung?

- Möchte das Kind im Lauf des Vormittags den Kindergarten verlassen? Lässt es Ungeduld erkennen? Lässt es durch Andeutungen erkennen, dass es unsicher ist, ob es abgeholt wird? Wie reagiert es, wenn es sich unter den letzten Kindern befindet, die noch nicht abgeholt wurden?

- Äußert das Kind bestimmte Erwartungen an den Besuch des Kindergartens?

Möchte es dort etwas Bestimmtes tun? Worauf freut es sich?

> „Ernsts (5 J.) Kusine Eva geht schon länger in den Kindergarten und erfreut Bekannte und Verwandte durch Hersagen kleiner Verschen. Ernst läßt nun seinen Eltern keine Ruhe. Er will gleichfalls in den Kindergarten gehen, um auch so viel wie Eva zu lernen." (Lichtenstein, S. 317)

- Äußert das Kind spezielle Befürchtungen und Probleme?

> Auch 'geringfügige' Probleme können für ein Kind sehr bedeutsam sein: Steffen will am ersten Tag plötzlich nicht mehr in den Kindergarten. Seine Probleme: Er weiß nicht, wo er seinen Anorak aufhängen soll, und er weiß nicht, ob ihm jemand beim Anziehen hilft, wenn er die Toilette aufgesucht hat.

- Welches Stadium seiner Eingliederung in die Gruppe hat ein Kind erreicht?

  Ist es noch vorwiegend mit sich selbst beschäftigt und tritt kaum in Kontakt zu anderen Kindern? Schaut es anderen Kindern bei deren Aktivitäten zu, ohne den Versuch zu machen, einbezogen zu werden? Spielt es manchmal mit anderen Kindern zusammen? Bei welchen Aktivitäten? Auf wessen Initiative hin kommt das gemeinsame Spiel zustande? Wie lange dauert es? Wodurch wird es beendet?
  Ist das Kind eher an der Erzieherin orientiert? Hält es sich häufig in ihrer Nähe auf, ohne sie anzusprechen?

- Wie verhalten sich die Kinder, die schon länger in der Gruppe sind?

  Gibt es Kinder, die sich sofort und intensiv um die 'Neuen' kümmern, sie bemuttern und anleiten wollen? Wie reagieren die 'Neuen' auf solche Versuche?
  Welche Kinder zeigen 'freundliches Desinteresse' an den neuen Gruppenmitgliedern, indem sie ab und zu mit ihnen sprechen, sie vielleicht ausfragen, aber nicht von sich aus ein gemeinsames Spiel anbieten, sondern beim Spiel die vertrauten Gesichter vorziehen? Bei welchen Gelegenheiten und von welchen Kindern wird Abwehr sichtbar? Wird versucht, den 'Neuen' bestimmte Materialien oder bestimmte Plätze im Gruppenraum vorzuenthalten? Werden sie einfach beiseitegeschoben?

- Welche Formen haben die Kontakte zwischen neuen und 'alten' Gruppenmitgliedern (z. B. Ausfragen, Zeigen von Spielzeug, Erklärungen von Gruppenregeln, Einladungen zum Mitspielen)? An welchen Orten sind diese Kontakte öfter zu beobachten (Frühstückstisch, Maltisch, Flur)? Wie viele Kinder sind beteiligt, nur zwei oder bereits mehrere?

- Gibt es Anzeichen für Barrieren, die durch Äußerlichkeiten der neuen Kinder (z. B. wenig zweckmäßige Bekleidung) oder durch Verhaltensweisen entstehen, die den anderen Kindern nicht geläufig sind?
- Gibt es Anzeichen für sprachliche Verständigungsprobleme? Können sich einzelne neu aufgenommene Kinder noch nicht ausreichend verständlich machen? Wie reagieren die anderen Kinder in einem solchen Fall?

(12) Beobachtungsthema: Beziehungen zwischen Mädchen und Jungen in der Gruppe

- Sind bestimmte Spielformen, Beschäftigungen und Materialien eher für Mädchen oder eher für Jungen typisch? Halten sich Jungen und Mädchen bevorzugt in verschiedenen Teilen des Gruppenraums auf (z. B. Puppen- gegenüber Bauecke)?

▶ „In der Puppenecke spielt Erwin mit kleinen Puppen, zieht sie an, füttert sie und spricht mit ihnen. Als er bemerkt, daß ich ihn dabei beobachte, wirft er die Puppen weg und sagt: ‘Die Puppen sind doof! Nichts für Jungen!’“ (*Verlinden & Haucke*, S. 31) ◀

Oft lassen sich Abläufe beobachten, die nicht in althergebrachte Schubladen passen :

▶ „Bastian schaut den Mädchen beim Spiel mit Puppen zu. Sie laden ihn zum Mitspiel ein. Er macht mit und wickelt Puppen. Als Marcel ihn skeptisch fragt, ‘was soll das?’, antwortet er: ‘Ich finde das prima, das will ich auch lernen – so Windeln wickeln!“‘ (*Verlinden*, S. 36). ◀

▶ „Einige Jungen haben draußen ihre Ritterburg, von wo aus sie Ausritte in die Umgebung unternehmen. Sie reiten auf Stöcken und machen Wettrennen. Meike schaut fasziniert zu. Schließlich holt sie sich ein ‘Pferd’ und reitet mit. Sie erlangt mit der Zeit bei den Ritterspielen eine anerkannte Position. Froh zeigt sie, daß sie auch schnell, geschickt und stark sein kann – wie eine ‘Ritterin’.“ (ebd.) ◀

- Was geschieht mit Kindern, die sich ‘untypisch’ verhalten? Werden sie von anderen Kindern deswegen gehänselt oder werden sie in Ruhe gelassen?

▶ „Mischa weint, er kann seinen Schuh nicht finden. Georg hilft ihm suchen. Da meint Olaf: 'Hilf dem doch nicht, der ist eine Heulsuse! Lass ihn doch jammern! Sowas will ein Junge sein!" (*Verlinden*, S. 42) ◀

- Lässt sich beobachten, dass bestimmtes Spielzeug oder Material sowohl von Mädchen als auch von Jungen benutzt wird, jedoch in unterschiedlicher Weise?
- Gibt es Anzeichen dafür, dass Kinder ‚untypisches' Verhalten in versteckter Form oder wenn sie allein sind zeigen, während sie es in offener Form oder in Gegenwart anderer vermeiden?

▶ Eine Erzieherin berichtet: „Öfter beobachte ich, dass Jungen, die sich selbst durchaus eine Schleife binden könnten, damit zu mir kommen. Ich habe den Verdacht, dass sie einen ‚sachlichen' Vorwand brauchen, um mit mir in Kontakt treten zu können." ◀

- Bilden sich vorwiegend Spielpaare bzw. -gruppen aus Kindern des gleichen Geschlechts? Gilt dies eher für ältere oder jüngere Kinder? Spielen Mädchen und Jungen zwar zusammen, aber mit festgelegter Rollenverteilung (insbesondere bei Rollen- oder Puppenspielen)?
- Wird einem Kind unter ausdrücklichem Hinweis auf sein Geschlecht die Teilnahme an einem Spiel verweigert („Hier dürfen nur Jungen mitmachen!")?

▶ „Jana setzt sich zu den Jungen in die Bauecke und möchte auch mit konstruieren, Kräne und Fahrzeuge bauen. Was sie aber in die Hand nimmt, wird ihr abgenommen: 'Laß das, das ist nicht für Mädchen! Ihr habt doch die Puppenecke!' Jana geht widerspruchslos in die Puppenecke." (*Verlinden & Haucke*, S. 24) ◀

▶ „Moritz hat eine 'Bande' gegründet. Die Mitglieder tragen rote Stirnbänder als Zeichen. Auch Kristina will so ein Band haben. Moritz schickt sie weg:
„Wir wollen keine Mädchen zulassen! Hau ab! Mach doch 'ne Mädchenbande!" (Verlinden, S. 38) ◀

- Gibt es Kinder, die meistens oder ausschließlich mit Kindern des fremden Geschlechts zusammenspielen? Ist dies möglicherweise ein Hinweis auf Probleme mit Kindern des eigenen Geschlechts, z. B. bei einem Jungen, der Auseinandersetzungen und Raufereien aus dem Weg geht, indem er nur mit jüngeren, 'friedlichen' Mädchen spielt?
- Versuchen Kinder, sich unter Hinweis auf ihr Geschlecht vor lästigen Aufgaben zu drücken („Ich bin ein Junge, ich brauche den Tisch nicht zu decken")?

- Ist in Gesprächen oder Rollenspielen der Kinder ein Bezug auf Rollen und Rollenverteilungen in der Erwachsenenwelt festzustellen? Welche Vorstellungen äußern Kinder, was „männlich“ und was „weiblich“ ist?

- Zeigen Jungen gegenüber Mädchen oder gegenüber der Erzieherin eine Neigung zu paschahaftem Verhalten, wie z. B. ein Junge, der seiner Erzieherin die Jacke hinhält: „Häng die mal auf!“?

(13) Beobachtungsthema: Verhalten eines Kindes beim Spiel

- Hat das Kind Lieblingsspiele bzw. -beschäftigungen? Befasst es sich ausschließlich damit oder findet es ab und zu auch Zeit für andere Dinge? Bleiben die Lieblingsspiele über Monate hinweg gleich? Gelten sie nur für bestimmte Tageszeiten (z. B. nach dem Eintreffen in der Gruppe wird zunächst ein Bild gemalt) oder bestimmte Spielkameraden (z. B. drei Kinder spielen einmal am Tag zusammen Memory, beschäftigen sich sonst meistens getrennt)?

- Wählt das Kind seine Spiele im allgemeinen selbst oder fragt es die Erzieherin oder andere Kinder, was es tun könne? Beginnt es öfter eine Beschäftigung, die es bei anderen Kindern sieht? Wie breit ist das Spektrum der selbstgewählten Spiele?

- Lässt sich das Kind von anderen zum Mitspielen einladen? Nur von bestimmten anderen Kindern? Nur bei bestimmten Aktivitäten?

- Versucht es seinerseits, andere Kinder zum Mitspielen zu bewegen? Welche Kinder: immer dieselben? Hat es mit Einladungen zum Mitspielen meistens Erfolg? Wählt es günstige Zeitpunkte dafür oder spricht es auch Kinder an, die sich gerade sehr intensiv mit etwas anderem beschäftigen? Arrangiert es Verabredungen für einen späteren Zeitpunkt, für den Nachmittag oder den nächsten Tag? Werden diese Verabredungen auch eingehalten?

- Wie verhält es sich während des Spiels? Hält es Vereinbarungen und Regeln ein? Wie reagiert es, wenn etwas nicht nach seinen Vorstellungen verläuft? Hilft es anderen Kindern, lässt es sich helfen? Ist ihm der Gedanke wichtig, „besser“ zu sein als andere Kinder, Überlegenheit zu zeigen? Bleibt es bei der Sache oder will es bald wieder aufhören?

- Wie verhält es sich nach Beendigung eines Spiels? Versucht es, sich vor dem Auf- oder Wegräumen zu drücken? Versucht es, Mitspieler für eine neue Aktivität zu gewinnen? Versucht es, neue Mitspieler für das bisherige Spiel zu gewinnen? Findet es schnell eine neue Beschäftigung?

4.2 Gelegenheiten zur Beobachtung

Es sind keine 'Übungsprogramme' oder 'Arbeitsgemeinschaften', in denen Kindergartenkinder lernen. Es ist das alltägliche Geschehen in der Gruppe, das ihnen Gelegenheiten gibt, den Umgang mit Dingen und den Umgang miteinander zu entwickeln und zu verbessern. Ein Beispiel:

> Stefanie, Sabine, Jens und Anne sind unter Anleitung der Erzieherin mit der Zubereitung von Kressequark beschäftigt; abwechselnd löffeln sie Quark aus dem Becher in eine Rührschüssel. Stefanie ist an der Reihe; sie nimmt den Becher in die eine, den Löffel in die andere Hand. Erst als sie den Quark auf dem Löffel hat, merkt sie, dass die Schüssel außerhalb ihrer Reichweite steht. Sie hält inne, schaut nur auf den Löffel, sagt nichts. Nach einigen Sekunden schiebt Sabine ihr wortlos die Schüssel unter den Löffel.

In einer kleinen, unauffälligen Episode lernt ein Kind, dass es nicht vorher bedacht hat, was zu tun war und es hat gesehen, was gegenseitige Hilfe bedeuten kann. Ihrer Erzieherin wurde wieder einmal vorgeführt, wie wenig sich „Sach-" und „Sozialerziehung" im Gruppengeschehen trennen lassen, wie günstig es sein kann, zu warten, ob die Kinder auftretende Probleme selbst lösen, und wie klein und tief die Lernschritte der Kinder anzusetzen sind. Sie hat gelernt, „das alltägliche Geschehen als Lernchance zu begreifen" (*Haucke* 1987).

Wenn das so ist, dann ist das alltägliche Geschehen auch der Ort für Beobachtungen, dann sind jederzeit Gelegenheiten zur Beobachtung. Es ist naiv, anzunehmen, dass sich die interessanten Dinge gerade dann abspielen, wenn sich die Erzieherin Zeit zum Beobachten reserviert hat. Wenn Kinder versuchen, Probleme zu meistern, wenn sich Beziehungen zwischen Kindern verändern, wenn Kinder aufregende Entdeckungen machen, wenn sich Krisensituationen zuspitzen, *dann wird damit nicht gewartet, bis die Erzieherin Zeit findet, zuzuschauen*. Das bedeutet, dass sie sich von einer Aufgabe oder Tätigkeit niemals völlig vereinnahmen lassen darf. Bei aller Sorgfalt und Aufmerksamkeit, mit der sie beispielsweise einige Kinder beim Falten oder Malen anleitet, muss sie doch zusätzlich versuchen, im Auge zu behalten, was sonst noch in der Gruppe passiert. Damit ist eine erhebliche Anspannung verbunden, jedenfalls so lange, bis diese Haltung in Fleisch und Blut übergegangen ist.

Standardsituationen, die sich täglich wiederholen, sind besonders gut geeignet, das Verhalten verschiedener Kinder miteinander zu vergleichen oder Veränderungen im Verhalten eines Kindes festzustellen. Dazu zählen Spiele, in denen Kinder nacheinander das Gleiche machen, ebenso wie Fixpunkte im Tagesablauf, z. B.:

- **Ankommen in der Gruppe**
  Wie verabschiedet sich ein Kind von der Person, die es bringt? Was bringt es mit in die Einrichtung? Wen begrüßt es zuerst? Was erzählt es spontan? Wartet es erkennbar auf bestimmte andere Kinder? Findet es schnell eine Beschäftigung oder braucht es eine gewisse Eingewöhnungszeit? Beginnt es den Aufenthalt in der Gruppe jeden Tag in gleicher Weise?

- **Frühstück**
  Verabreden sich Kinder, gemeinsam zu frühstücken? Äußern sich Sympathien durch gemeinsames Frühstück? Worum drehen sich die Unterhaltungen am Frühstückstisch? Lässt sich ein Kind leicht durch Ereignisse in der Gruppe ablenken? Will ein Kind alle paar Augenblicke aufstehen, um bei einem Spiel mitzumachen? Machen sich Kinder gegenseitig auf Regeln aufmerksam wie z. B. die, das Geschirr abzuräumen und für das nächste Kind nachzudecken?

- **An- bzw. Umziehen zum Spiel im Außengelände**
  Verabreden sich Kinder zu gemeinsamem Spiel? Helfen sie sich gegenseitig beim Anziehen? Lassen sie ein anderes Kind an seinen Kleiderhaken oder seine Schuhe? Nehmen sie Rücksicht auf ein Kind, das an ungünstiger Stelle auf dem Boden sitzt, um sich die Schuhe anzuziehen? Wie geschickt ist ein Kind mit Schuhbändern und Reißverschlüssen oder Knöpfen? Bemüht es sich von sich aus um Hilfe?

- **Abgeholt werden**
  Was erzählt ein Kind spontan der Person, die es abholt, vom Tagesgeschehen? Kommt es vor, dass ein Kind nicht sofort gehen will, weil es noch nicht 'fertig' ist? Kommt es vor, dass ein Kind der abholenden Person etwas aus dem Gruppenraum zeigen und erläutern will? Treffen Kinder Verabredungen für den Nachmittag oder für den nächsten Tag in der Gruppe?

Ungewöhnliche Situationen zu sehen und auszunutzen, ist schwieriger, weil sie meist unverhofft kommen. Dabei bieten sie besonders lohnende Gelegenheiten zur Beobachtung. Wenn beispielsweise ein Kind oder mehrere an einem Tag fehlen, ergeben sich für die anderen Kinder neue Konstellationen: Der gewohnte Spielpartner ist nicht da – was tun? Bestimmtes Material, das sonst andere Kinder mit Beschlag belegen, ist plötzlich verfügbar – was geschieht?

▸ Die Bauecke ist gewöhnlich von vier älteren Jungen besetzt, von denen mindestens zwei dort zu finden sind. Eines Morgens fehlen drei von ihnen, der vierte beschäftigt sich im Nebenraum. An diesem Tag verbringt Sabine, die sonst recht oft ihre Tätigkeiten wechselt, anderthalb Stunden in der Bauecke, wo sie allein Straßen und Parkplätze aus Bauklötzen legt und mit Autos herumfährt. An den Tagen vorher war kein Versuch von ihr zu beobachten, in die Bauecke 'eingelassen' zu werden. Allerdings fällt jetzt dem Beobachter wieder ein, dass sie vor zwei Tagen einmal beiläufig angesichts der vollbesetzten Bauecke zu ihm gesagt hat: „Ich kann da nicht rein."

Stefanie ist wenn sie sich nicht allein beschäftigt, meist mit Elisabeth, einem älteren Mädchen, zusammen. Elisabeth wehrt Versuche weiterer Kinder, bei den beiden mitzuspielen, regelmäßig ab. Nur wenn Elisabeth nicht in der Gruppe ist, kommt Stefanie häufiger in Berührung mit anderen Kindern.

Im 2. Abschnitt (S. 21) wurde das Beispiel eines Jungen geschildert, dessen Angewiesensein auf ein bestimmtes Spielzeug erst dann deutlich wurde, als er eines Tages später als sonst in die Einrichtung kam und 'sein' Spielzeug belegt war.

Wenn die Kinder beider Gruppen gleichzeitig draußen sind, finden beinahe regelmäßig Raufereien zwischen Mario und seinem Bruder Jens auf der einen sowie Thomas und Ingo auf der anderen Seite statt; fast immer ziehen Mario und Jens dabei den kürzeren. Eines Tages kommt Ingo mit einem eingegipsten Unterarm in den Kindergarten. Dies wäre eine Chance für Mario und Jens, einmal an Thomas ihr Mütchen zu kühlen, aber das tun sie nicht. Das gewohnte 'Spiel' wird ausgesetzt, so lange einer der Teilnehmer verhindert ist.

Für die Beurteilung des Entwicklungsstandes eines Kindes bietet das alltägliche Geschehen ebenfalls Beobachtungsmöglichkeiten genug; ein Beispiel:

Sabine (5;0) macht bei einem Würfelspiel mit. Als Marina eine 'Drei' würfelt, sagt Sabine zu einem Mitspieler: „Ich hatte nicht so viel (hält drei Finger in die Höhe), sondern so viel (hält zwei Finger hoch)."
Einige Tage später möchte sie einen Drachen falten und bekleben; dazu braucht sie farbiges Papier. Sie fragt einen Erwachsenen, ob er ihr welches aus dem Regal holen könne. Auf die Frage: „Welche Farbe denn?" antwortet sie, indem sie ein kleines Stückchen grünes Papier hochhält: „So 'ne Farbe!"
Dass Sabine zumindest hinsichtlich der Kenntnis von Zahlen und Farben einen deutlichen Entwicklungsrückstand aufweist, bemerkt der Beobachter auch ohne den Einsatz eines 'Testverfahrens'.

Eine Informationsquelle von zweifelhaftem Wert sind Beobachtungen von *'Projektionen'* im Rollen- oder Puppenspiel oder in Kinderzeichnungen. Natürlich kann man vermuten, dass Kinder, die in die Rolle von Eltern geschlüpft sind, Vorbilder in ihr Spiel einbeziehen. Die Frage ist nur: *Welche Vorbilder?* Aus einer Geschichte? Einer Fernsehsendung? Aus der eigenen Familie? Aus der Familie der Freundin? Aus Erzählungen anderer Kinder?
Die zweite Unsicherheit besteht darin, dass man, selbst wenn man davon ausgeht, dass projiziert wird, nicht weiß, was projiziert wird. Angenommen, ein Kind spielt eine dominante Mutter, die sich gegenüber dem Vater in jeder Situation durchsetzt – was wird projiziert? Die *Befürchtungen* des Kindes, seine *Wünsche* oder seine nüchterne Wahrnehmung einer realen Situation?

4.3 Technik der Schilderung

Beobachtung kann eine verschwommene, ungenaue Angelegenheit sein. Man hat einen ungefähren Eindruck von dem Ereignis, weiß aber keine Einzelheiten zu beschreiben. Man glaubt etwas gesehen zu haben, was eigentlich eine Interpretation des Geschehens war. Schon nach einigen Tagen beginnen sich die Konturen eines Geschehens zu verwischen, das man am gleichen Tag noch sehr ausführlich und anschaulich schildern konnte. Wenn deshalb der Rat gegeben wird, *schriftliche* Aufzeichnungen zu führen, dann, um solchen Problemen entgegenzuwirken: Schriftliche Aufzeichnungen verblassen nicht wie die Erinnerung; sie vergolden auch nicht. Sie erlauben einen Vergleich zwischen zurückliegenden und aktuellen Beobachtungen. Sie fordern dazu heraus, möglichst präzise zu beschreiben, was man wahrgenommen hat und sie sind deshalb auch eine gute Formulierungsübung für Gespräche mit Kolleginnen, Beraterinnen und Eltern. Für die Abfassung solcher Ereignisschilderungen werden im Folgenden einige Hinweise gegeben.

(1) Umsetzung auf die sicht- und hörbare Ebene

Öfter wird versucht, von einem Geschehen nur einen zusammenfassenden Eindruck wiederzugeben, der mit kurzen Worten abgehandelt ist: „Max hat Moritz geärgert", „Hans ist schüchtern", „Simone ist nervös". Dabei darf eine Erzieherin nicht stehenbleiben, sondern muss das Geschehen beschreiben, das zu diesem Eindruck geführt hat und zwar das, was zu sehen oder zu hören war. Beispiele:

„David freut sich über sein neues Spielzeugauto."	Woran kann man das sehen? Vielleicht:	„David zeigt allen Kindern und der Erzieherin sein neues Auto. Er spielt mehr als eine Stunde damit."
„Melanie ärgert Britta."	Woran kann man das hören? Vielleicht:	„Melanie sagt dreimal hintereinander zu Britta: 'Du kannst keine Schleife? Mensch, bist du blöd!'"
„Stefan und Tobias sind dicke Freunde.	„Wie äußert sich das? Vielleicht so:	„Stefan und Tobias spielen an jedem Tag mindestens eine Stunde zusammen. Sie verabreden sich zum gemeinsamen Frühstück. Tobias schlägt Tim, der zu Stefan ‚Blödmann' gesagt hat."
„Sandra langweilt sich."	Was hat zu diesem Eindruck geführt? Vielleicht:	„Sandra schlendert im Gruppenraum herum, schaut hier und da zu, aber jeweils nur für ein paar Sekunden. Öfter schaut sie kurz nach draußen, ab und zu zur Erzieherin."

Falsch ist es, einem Kind Elemente einer Beobachtung unbesehen als 'Eigenschaften' anzuhängen (vgl. S. 31). Statt „Rolf, ein lautes Kind, schrie…" sollte es heißen „Rolf schrie laut…". Ein Kind, das nach einem Sturz im Flur Trost und Anteilnahme bei der Erzieherin sucht, ist nicht unbedingt „ein trostsuchendes Kind". Ein Kind, das einem anderen einen Turm aus Bauklötzen zerstört hat, ist allein deswegen nicht „zerstörerisch". Eine Erzieherin, die einmal den Geburtstag eines Kindes vergisst, ist deswegen ja auch nicht „vergesslich".

(2) Sag es treffender!

„Geht" ein Kind oder lässt sich das genauer sagen? Rennt es oder schleicht es auf Zehenspitzen? Schlendert oder stapft es? Oftmals ist die Versuchung groß, es bei dem allgemeineren, farblosen Ausdruck zu lassen, anstatt mühsam nach einem treffenderen Ausdruck zu suchen. Eine Hilfe können hier Handbücher sinn- und sachverwandter Wörter sein, die in unterschiedlichem Umfang, auch als Taschenbuch, auf dem Markt sind. Eine Auswahl ist im Literaturverzeichnis aufgeführt.

(3) Möglichst genaue Zeitangaben

Bei Zeitangaben sind irreführende Angaben besonders leicht möglich. Für den einen Beobachter kann ein Ereignis lange gedauert haben, der andere hat den Eindruck, einer kurzen Episode zugeschaut zu haben. Deshalb sind Zeitangaben in Stunden, Minuten oder Sekunden subjektiven Angaben wie „nur kurz“ oder „nach längerer Zeit“ vorzuziehen.

(4) Die Suche nach Indizien

Unter ‘Indiz’ soll hier ein treffender und auch für Außenstehende überzeugender Beleg für einen Vorgang verstanden werden, der entweder selbst nicht beobachtet wurde oder schwierig in Worte zu kleiden ist. Zwei Beispiele:

> „Nach den anfänglich häufigen Anregungen zum Helfen durch die Erzieherin nahmen spontane Handlungsweisen im Sinn der wechselseitigen Hilfe im Verlauf des Spielprozesses deutlich zu. Besonders fiel das der Erzieherin bei der Herstellung der Portemonnaies auf. Sie hatte den Vorgang nur etwa drei Kindern gezeigt. Zwei Tage später hatten bereits alle Kinder ein Portemonnaie fertiggestellt. Sie hatten es sich gegenseitig beigebracht.“ (*Merker, Rüsing & Blanke*, S. 104)

In diesem Beispiel kann die Erzieherin ein Indiz genau so verwenden wie der Staatsanwalt einen Fingerabdruck. Wenn sie gefragt würde: „Wieso sind sie sicher, dass die Kinder sich gegenseitig geholfen haben?“ kann sie antworten: „Ich habe nur dreien etwas gezeigt, was zwei Tage später alle konnten. Sie müssen es sich gegenseitig beigebracht haben.“

> Stefanie (3;5) holt sich während des Spiels im Außengelände Laufbüchsen und macht Gehversuche auf ihnen. Sie bewegt sich sehr langsam, macht aber einen recht gewandten Eindruck; kein einziges Mal muss sie bei einer Strecke von ca. zehn Metern absteigen. Einmal gerät sie in Rücklage, fängt sich aber wieder. Dabei lässt sie allerdings die Schnüre los, die an den Büchsen befestigt sind. Ruhig und langsam bückt sie sich und hebt, auf den

Büchsen stehend, beide Schnüre gleichzeitig wieder auf, ohne auch nur zu wackeln. ◀

Der letzte Satz enthält das deutlichste Indiz für Stefanies körperliche 'Gewandtheit', die ansonsten nur mit relativ vagen und allgemeinen Begriffen umschrieben werden könnte. (Zumindest fiel in diesem Fall dem Beobachter kein noch überzeugenderer Beleg auf.)

Das Prinzip und die Aufgabe für den Beobachter besteht darin, sich nicht mit der Formulierung vager Eindrücke und allgemein gehaltener Aussagen zufriedenzugeben, sondern hartnäckig die Beobachtungen zu suchen, die solche Eindrücke und Aussagen illustrieren und bestätigen – sofern es diese Beobachtungen gibt. Es kann nämlich auch passieren, dass man die Beurteilung eines Kindes hört, der Beurteiler aber die Belege weitgehend schuldig bleibt. Es kommt auch vor, dass ein Eindruck in einer Weise 'belegt' wird, die alles andere als überzeugend ist. Ein Beispiel:

▶ Ein dreijähriges Kind wird von einer Erzieherin als 'verhaltensauffällig' bezeichnet. Auf die Frage, wie sich das äußere, antwortet sie: „Letztens hat Inge in der Küche einen Putzeimer umgeworfen!" ◀

Bei der Beschreibung von Fähigkeiten eines Menschen genügt ein besonders treffendes Indiz. Um zu erläutern, dass Stefanie geschickt ist, konnte man sich auf ein einzelnes Ereignis konzentrieren; weitere Ausführungen hätten die Schilderung nicht überzeugender, sondern nur langatmiger gemacht. Dies gilt allerdings nur für die Beschreibung von Fähigkeiten, Fertigkeiten und Kenntnissen: Wer heute mit dem Fahrrad fahren kann, wird es morgen wohl auch noch können. Ob dagegen ein Kind, das heute einem anderen hilft, dies morgen auch noch tun wird, ist nicht sicher.

(5) Extreme hervorheben

Das Verhalten eines Kindes wird oft dann besonders anschaulich, wenn man es von dem Verhalten aller anderen Kinder abheben kann. Deshalb sollte man darauf achten, was ein Kind
- als erstes oder als letztes der Gruppe bzw.
- als einziges Kind

tut. Beispiele:

▶ Bei der Bilderbuchbetrachtung ist Thomas das erste Kind, das nach vorn rutscht und damit anderen Kindern die Sicht nimmt. Er ist das einzige Kind, das trotz Ermahnung mehrmals nach vorn rutscht. ◀

▶ Die Erzieherin betrachtet mit den Kindern ein Bilderbuch, in dem das Wachsen einer Sonnenblume geschildert wird; anschließend säen die Kinder Sonnenblumenkerne in einer Anzuchtschale. Stefanie schaut bereits während der Bilderbuchbetrachtung im Raum herum; als einziges Kind betrachtet sie die letzten Seiten des Bilderbuches überhaupt nicht mehr. Martin dagegen wendet als einziges Kind keinen Blick von den Anzuchtschalen, als alle Kinder nacheinander ein Korn in die Blumenerde stecken und etwas Wasser darübergießen. ◀

(6) Nicht zu einfach!

Manche Schilderungen lassen den Verdacht aufkommen, dass sie zu einfach sind: *Eine* Absicht wird verfolgt, ein Ziel erreicht, eine Beziehung ist entweder nur freundschaftlich oder *nur* von Ablehnung gekennzeichnet. Dabei zeigt die Erfahrung, dass menschliche Verhaltensweisen oft mehrschichtig sind, dass Umwege gegangen und Kompromisse zwischen verschiedenen Zielen gesucht werden, dass Beziehungen zwiespältig sein können.

▶ „Beim Frühstück hat Denis Kakao verschüttet. Er beschuldigt die zwei Schritte neben ihm stehende Laura: ‘Mensch, paß doch auf! Jetzt habe ich wegen Dir den Kakao verkleckert!’ und weint.“ (*Verlinden & Haucke*, S. 18) ◀

Man könnte meinen, die Sachlage wäre einfach: Denis schiebt seinen ‘Fehler’ auf ein anderes Kind ab. Nur: Warum weint er dann? Durch die einfache ‘Lösung’ ist auch für ihn der Fall offenbar nicht erledigt.

▶ „Josefine ist die geübteste Seilchenspringerin. Wenn wenig geschickte Kinder an der Reihe sind, dann sagt sie: ‘Hör doch auf! Laß sein! Das kannst Du nicht!’ Dabei schlägt sie das Seil manchmal schneller als üblich.“ (ebd., S. 19) ◀

Diese Schilderung enthält kein ‘Motiv’ für Josefines Verhalten, sondern beschreibt, was sie tut und was sie sagt. Erst durch das, was sie tut, erscheint das, was sie sagt, verständlich – zumindest können dadurch Vermutungen über ein Motiv eingegrenzt werden. Bemerkenswert ist auch das Wort „manchmal“ im letzten Satz; nicht jede Schilderung enthält solche Einschränkungen.

> „Julia schreibt zum ersten Mal ihren Namen unter ihr Bild. Als ich sie darauf aufmerksam mache, kritzelt sie ihn durch und sagt: 'Ich kann meinen Namen nicht schreiben.'“ (ebd., S. 21)

Julia handelt nicht 'logisch' und genau das ist geschildert worden. Dies ist keine 'Fehlleistung', die man nicht weiter beachten sollte, sondern sie kann – gestützt auf weitere Beobachtungen – auf einen typischen Wesenszug von Julia deuten.

> Neulich fühlte sich die Mutter nicht wohl und sagte, sie würde sich hinlegen müssen. Da wurde Hilde (5;7) sogleich zärtlich und anschmiegsam und sprach die bedeutsamen Worte: *Mutter, wenn de krank bist, habe ich dich viel lieber“*. (*Stern*, S. 476, Hervorhebung im Original)

Sterns Kommentar zu dieser Anekdote: „Bei dieser gesteigerten Zärtlichkeit liegt eine eigenartige Gefühlskomplikation vor; es sind nämlich die altruistischen Regungen mit mehr oder minder versteckten selbstischen verschränkt. Ist die Unpäßlichkeit der Mutter keine allzu große, dann weiß das Kind, daß es Stunden stiller Gemütlichkeit gibt, in denen es am Bett der Mutter sitzen und von dieser sich erzählen oder vorlesen lassen kann. Das eigene Gesundsein und Helfenkönnen steigert das Persönlichkeitsgefühl des Kindes; die Rollen zwischen der Hilfebedürftigen und der Hilfespendenden sind ja plötzlich vertauscht. – Zu alledem kommt dann noch die reizvolle Sensation, die in der Krankheit und der Ungewöhnlichkeit der Begleitumstände liegt.“ (ebd., S. 477)

Falls man nach Motiven sucht, soll man nicht nur nach einem suchen. In einer Handlung können mehrere Beweggründe zum Ausdruck kommen, auch einander entgegengesetzte, wie das Beispiel zeigt. Für die Schilderung heißt dies, dass sie das Geschehen gerade in seiner scheinbaren Widersprüchlichkeit und Vielschichtigkeit wiederzugeben hat. Was man sieht, soll man aufschreiben, nicht gleich 'durchschauen' wollen. Was sich glatt liest, ist oft nur geglättet worden.

(7) Nicht 'weil', sondern 'nachdem' oder 'während'!

Zeitliche Abfolgen werden öfter so geschildert, als ob das, was zunächst geschah, der Grund für das wäre, was folgte. Das kann sein, muss aber nicht. Deshalb sollte die Schilderung sich immer auf die Darstellung der zeitlichen Abfolge beschränken: „Jan nannte Christian einen 'Blödmann'; unmittelbar danach schlug Christian Jan mit der flachen Hand ins Gesicht.“ statt: „Jan schlug Christian, weil der ihn beschimpft hatte.“ Statt „Jan steigerte sein Geschrei immer mehr, weil Christian den Roller auch haben wollte“ schreibt man besser: „Christian sagte mehrmals: 'Gib mir den Roller', während Jan immer lauter rief: 'Ich hab ihn zuerst gehabt!'"

(8) Was ist nicht passiert?

Manchmal ist es nützlich, im Anschluss an die Schilderung eines Ereignisses zu beschreiben, was auch hätte geschehen können, aber nicht passiert ist. Nicht nur dem Außenstehenden kann dadurch klarer werden, was an einem Ereignis bemerkenswert ist. Ein Beispiel:

> Bei der Bilderbuchbetrachtung steht Georg auf und nimmt Martin dadurch die Sicht. Martin zieht ihn wortlos, aber nachdrücklich an der Hose wieder herunter. Georg setzt sich, ebenfalls wortlos, an seinen alten Platz.

Was ist bemerkenswert?

Martin wendet sich, als er gestört wird, nicht an die Erzieherin, sondern versucht, die Störung selbst zu beseitigen. Er spricht nicht und stört daher nicht den Fortgang der Bildbetrachtung. Er steht nicht seinerseits auf oder rückt vor, sondern versucht, den vorherigen Zustand wiederherzustellen, was ihm auch gelingt. Georg erhebt keinen Protest und stört seinerseits den Fortgang der Aktivität nicht weiter.

(9) Kommentare, Deutungen und Zusatzinformationen müssen von der Schilderung abgehoben werden.

Bei schriftlichen Aufzeichnungen sind in manchen Fällen zusätzliche Informationen für das Verständnis des Geschehens unerlässlich, z. B. das Alter der Beteiligten oder eine Charakterisierung des Verhältnisses zwischen zwei Kindern. Solche Zusatzinformationen hebt man am besten von der eigentlichen Schilderung ab, etwa indem man sie in Klammern setzt.

Auch Deutungen oder Gedanken des Beobachters müssen, wenn sie überhaupt erwähnt werden, deutlich von der Schilderung des Geschehens abgesetzt werden. Zweckmäßigerweise werden sie geschlossen an die Schilderung angefügt, anstatt sie zu zerstückeln. So lange sie deutlich gekennzeichnet sind, spricht nichts dagegen, auch grundsätzliche Überlegungen zu Papier zu bringen, auch wenn sie über das einzelne beobachtete Geschehen weit hinausreichen.

Drei Beispiele:

▶ Martin hat aus Legosteinen einen Quader gebaut, der an einer Seite eine dünne, ca. 20 Zentimeter lange Spitze, an der gegenüberliegenden Seite zwei kürzere Fortsetzungen aufweist. Auf die Frage, was er da gebaut habe, antwortet er: „Eine Rakete". Eine halbe Minute später benutzt er die 'Rakete' als 'Sprechfunkgerät': Der Quader liegt an der rechten Wange, die längere Spitze ist nach oben gerichtet. Leise spricht er: „Hallo, hallo, verstanden!" Als er merkt, dass er beobachtet wird, legt er das Gerät schnell in eine Kiste und geht in den Nebenraum. ◀

(Warum ist Martin nicht stolz auf seine Einfälle? Hält er es für kindisch, dass ein Gegenstand nacheinander Verschiedenes darstellen kann? Bremsen die Erwachsenen durch ihre Aufmerksamkeit kindliche Phantasie und Kreativität, auch wenn sie es gar nicht wollen?)

▶ Marina ist gerade drei Jahre alt geworden und ist selten mit anderen Kindern der Gruppe zusammen; wenn, dann eher geduldet als eingeladen. Eines Morgens hat sie mit anderen Kindern außer beim Frühstück kaum ein Wort gewechselt, als sie sich zu Sabine (5;0) in die Leseecke setzt. Sabine unterhält sich etwa eine Minute lang mit ihr, lässt sie ins Bilderbuch schauen und zeigt ihr manche Details in den Zeichnungen. Danach steht Sabine auf und geht weg; Marina bleibt sitzen und schaut sich das Bilderbuch noch einmal allein an. Sie lächelt und schaut öfter zu Sabine hinüber, die sie aber nicht mehr beachtet. In der nächsten halben Stunde beschäftigt sich Marina wieder allein. ◀

(Manchen Kindern würde man von Herzen wünschen, dass sie schneller in die Gruppe finden, statt am Rand zu stehen. Aber kein Tag in der Gruppe ist vergeblich, jeder bringt einen Schritt in die richtige Richtung.)

▶ (Stefanie ist seit sechs Monaten in der Gruppe und relativ selten mit anderen Kindern zusammen. Das Thema Freundschaft scheint sie zu bewegen, denn die seltenen Unterhaltungen mit anderen Mädchen kreisen regelmäßig um dieses Thema: „Du bist meine Freundin", „du kannst mit meiner Puppe spielen", „ich warte, bis du fertig bist".) Eines Morgens setzt sich Stefanie zu Yalan, die sich mit Knete beschäftigt, an den Tisch. Eine kurze Unterhaltung kommt in Gang, etwa eine Minute. Danach geht Stefanie frühstücken. Später am Vormittag geht sie an den Maltisch, setzt sich an den noch freien Platz, bleibt dort für eine Viertelstunde. Gegen Ende des Vormittags sind die Kinder draußen;

dort fährt Stefanie etwa zehn Minuten zusammen mit Anne Dreirad, danach setzt sie sich allein in den Sandkasten. ◀

(Beugt Stefanie einer Überforderung vor? Dosiert sie von sich aus das Tempo, das ihr erlaubt, Erlebnisse zu verarbeiten? Wissen Kinder in solchen Fällen instinktiv, was gut für sie ist? Käme eine Erzieherin, die Stefanies Kontakte mit anderen Kindern forciert, in die Gefahr, sie in bester Absicht zu überfordern?)

Die Kommentare greifen über das einzelne Geschehen weit hinaus und betreffen Dinge, die nur schwer nachzuweisen oder zu widerlegen sind. Da sie auf der anderen Seite aber zentrale Bereiche erzieherischen Vorgehens ansprechen, sollten sie nicht einfach unterdrückt werden, sondern als Denkanstoß stehenbleiben.

(10) Wortwörtliche Wiedergabe von Unterhaltungen

Das Protokollieren von Gesprächen zwischen Kindern oder zwischen Kind und Erzieherin ist recht aufwendig und mühsam. Es duldet i.d.R. auch keinen Aufschub, weil schon nach einer halben Stunde zumindest Teile des Gesprächs aus dem Gedächtnis verschwunden sein können. Wenn dennoch dafür plädiert wird, solche Aufzeichnungen zu machen und zu sammeln, dann wegen des großen Nutzens, der damit verbunden sein kann: Manche Gespräche sprechen für sich selbst. Sie beschreiben Beziehungen zwischen Kindern, Seiten der kindlichen Persönlichkeit oder typische kindliche Denkweisen treffender und anschaulicher, als dies auf anderem Weg möglich wäre. Man kann sich gut vorstellen, was zwischen und in den Kindern vorgegangen ist, sofern die Aufzeichnungen genau und wortgetreu sind.

Zwei Beispiele, die treffend illustrieren, warum Lila nur selten zum harmonischen Spiel mit anderen Kindern kommt:

▶ „Evan fragt Lila: ‚Bist du allein (in den Kindergarten) gekommen?' ‚Nein', antwortet sie. ‚Mein Pappi hat mich gebracht. Mein Pappi hat zu meiner Mami gesagt: ‚Wenn du aufstehst und Lila fertigmachst, bringe ich sie zum Kindergarten.' Meine Mami sagte: 'Danke', und so hat mein Pappi mich gebracht. Klar?' Evan dreht sich wortlos um und geht weg." (*Fite*, S. 225, Übers. durch den Verf.) ◀

▶ „Es ist Winter. Lila sitzt auf einem Schlitten und sagt zu Holden: 'Holden, willst du den Schlitten ziehen? Du darfst, wenn du willst.' Holden geht zum Schlitten und Lila sagt: 'Zieh mich dorthin.' Holden zieht ein kurzes Stück. Lila sagt: 'Dahin', und zeigt in eine andere Richtung, aber Holden geht geradeaus weiter. Er zieht sie bis zu einer Stelle, an der kein Schnee liegt, und fragt: 'Du ziehst nicht?' Lila: 'Geh da rum, da runter!' Holden: 'Nein, dort hin.' Er läßt das Zugseil fallen und geht weg. Lila ruft hinter ihm her: 'Holden, ich habe gesagt, du kannst mich ziehen, wenn du willst.' Holden achtet nicht darauf." (ebd.) ◀

Ein anderes Beispiel illustriert die Beziehung zwischen einem Jungen und zwei Mädchen durch die unterschiedliche Art, in der die Mädchen auf einen Wunsch des Jungen reagieren:

▶ „Grant sagt zu Lila und Nancy, die im Sandkasten sind: 'Ich brauche eine Schaufel.' Lila: 'Nimm die große.' Grant: 'Nein'. Lila: 'Dann musst du warten.' Grant: 'Bitte, ich brauche eine Schaufel.' Nancy sagt: 'Ich hol dir eine.' Sie geht zur Spielzeugkiste und kommt mit einem Eimer wieder: 'Hier, nimm das.' Grant: 'Nein.' Nancy gibt Grant ihre Schaufel und nimmt selbst den Eimer." (ebd., S. 232) Zwei Sätze reichen, um zu illustrieren, wie sich Lila eine Abfuhr holt: „'Einmal war mein Bild in der Zeitung', sagt Lila. 'Ich weiß', erwidert Nancy, 'das erzählst du mir jeden Tag.'" (ebd., S. 246) ◀

Manche Äußerungen sind aufschlußreich, wenn man darauf achtet, wie ihr Inhalt sich zu früheren Gesprächen oder vorherigen Äußerungen verhält:

▶ „Die Erzieherin sagt Lila, dass sie im Sandkasten spielen sollte, weil es dort sonnig sei. Lila sagt zu Nancy: 'Ich soll im Sandkasten spielen, weil ich aussehe, als ob es mir nicht gut geht.'" (ebd., S. 255)

„Lila schaufelt Sand in den Sandkasten zurück und sagt zu Nancy: 'Paß auf deine Augen auf!' Etwas Sand fällt auf Nancy, die mißbilligend sagt: 'Oh Lila, meine Haare sind frisch gewaschen.' 'Du bist selber schuld', sagt Lila, 'warum bleibst du hier, wenn ich sage, dass du aus dem Weg gehen sollst?' Nancy steht auf und geht weg." (ebd.) ◀

Die möglichen Gefahren bei der Verwendung sprachlicher Äußerungen sollen nicht unterschlagen werden:

1) Gespräche können falsch interpretiert werden; ihnen kann eine Bedeutung zugeschrieben werden, über deren Berechtigung man zumindest geteilter Ansicht sein kann.

> „Lila ist eines Tages nicht im Kindergarten. Nancy sagt: 'Ich möchte wissen, wo Lila bleibt.' Grant antwortet: 'Vielleicht hat sie eine Erkältung oder Keuchhusten. Weil Keuchhusten länger dauert als eine Erkältung.'" (ebd., S. 237)

Hier liegt nahe zu vermuten, dass der Wunsch der Vater des Gedankens war: Grant ist es ganz recht, wenn Lila nicht im Kindergarten ist, je länger, desto besser. Die Autorin, die dieses Gespräch berichtet, führt dazu aus, dass Lila öfter mit Nancy zusammen spielte, was Grant, der ebenfalls öfter mit Nancy zusammen war, nicht unbedingt erfreute. Deshalb hält sie eine „Art von leichtem Todeswunsch" durchaus für denkbar. Dieser Meinung muss man sich nicht unbedingt anschließen, auch wenn man anerkennt, dass die Autorin sich bemüht hat, ihren Eindruck anhand anderer Beobachtungen abzusichern (vgl. *Fite*, S. 237 ff.)

Die Gefahr einer Überinterpretation taucht besonders dann auf, wenn Äußerungen zunächst eine sachliche Information geben, darüber hinaus aber der Eindruck entsteht, dass sie viel über die Beziehungen zwischen Personen aussagen. Sach- und Beziehungsebene sollten aber zunächst auseinandergehalten werden, auch wenn sich der Verdacht aufdrängt, dass die 'sachliche' Bemerkung nur Mittel zum Zweck ist wie im folgenden Beispiel:

> „Lila und Nancy sind auf der Wippe, Nell kommt dazu. Lila sagt: 'Nein, Nell, du darfst nicht mitmachen.' Nell lehnt sich kurze Zeit später gegen die Wippe. Lila: 'Nell, komm nicht an die Wippe, du könntest dir weh tun!"' (ebd. , S. 303)

Lila möchte Nell nicht mitspielen lassen, wenn sie mit Nancy zusammen ist und sie benutzt die 'sachliche' Ebene, um ihren Wunsch durchzusetzen: Zwei Interpretationen, die zwar naheliegen, die aber anhand zusätzlicher Beobachtungen zu überprüfen sind.

2) Manchmal können Gesprächsteile nicht wiedergegeben werden, weil die Kinder durcheinandergeredet oder zu leise gesprochen haben. Manchmal wird dem Zuhörer auch nicht verständlich, was ein Kind mit einer Äußerung sagen wollte; insbesondere kleine Kinder drücken sich nicht immer allgemeinverständlich aus. In beiden Fällen bleibt nichts anderes übrig, als die unverständlichen Stellen zu markieren, eventuell zusammen mit (ausdrücklich gekennzeichneten) Vermutungen, um was es beim Gespräch gegangen sein könnte oder was das Kind ausdrücken wollte. Auf jeden Fall sollte man aber der Versuchung widerstehen, die Lücken „aus dem Zusammenhang heraus zu ergänzen" oder „wahrscheinliche" Äußerungen einzufügen, ohne sie als solche zu kennzeichnen.

Dass ein Gesprächsprotokoll auch dann wertvoll sein kann, wenn einige Lücken entstanden sind, zeigt das folgende Beispiel. Nachahmenswert ist hier auch, wie der Autor, *H. Wright*, bemüht war, die Beschreibung der Ereignisse und seine Kommentare, Vermutungen und Analysen, die hier in Klammern gesetzt sind, zu trennen:

> „Margaret hatte gerade einen Baumstumpf angestrichen, mit einem kleinen belaubten Zweig als Pinsel und schmutzigem Wasser in einem Eimer als Farbe. Ihre Mutter sah das nicht gerne und hatte deswegen mit ihr geschimpft.
>
> Frau Reid wischte etwas Staub von Margarets Kleidung, indem sie mit der Hand über das Kleid wischte. Bradley, der Bruder im Säuglingsalter, fing an, jämmerlich nach 'Mami' zu schreien. Seine Mutter war zu beschäftigt, um zu ihm zu gehen. Statt dessen schimpfte sie mit Margaret, weil die sich schmutzig gemacht hatte.
>
> Margaret hüpfte mit ihrem Eimer und ihrem Pinsel auf die Veranda. Sie fing an, einen Pfeiler der Veranda anzustreichen, hastig, wild, und ohne darauf zu achten, wie der Pinsel kleckste.

(Ich hatte das Gefühl, daß Margaret auch deshalb den Pfeiler anstrich, weil ihre Mutter Bemerkungen über das Anstreichen des Baumes gemacht hatte. Ich glaube, Margaret wußte, daß das Verschmieren von Schmutzwasser auf dem Pfeiler ihrer Mutter noch mehr gegen den Strich ging als das Anstreichen des Baumes.)

> Während das Baby weiter schrie, schimpfte die Mutter laut weiter: ‚Mach das nicht am Pfeiler! Mach's am Baum, wenn es sein muß, aber mach's am Baum!'

(Das war eine Veränderung gegenüber ihrer ersten Anweisung, überhaupt nicht zu malen.)

> Das Baby schrie so laut, daß sich die Mutter schließlich ihm zuwandte. Während Bradley weiter weinte, versuchte Frau Reid, Margaret dazu zu bewegen, ihn zu beruhigen: ‚Warum malst du immer? Warum spielst du nicht mit Bradley?' fragte sie gereizt. Schließlich ging sie ins Haus, als ob sie aufgäbe. Bradley weinte weiter lauthals. Margaret strich ruhig den Pfeiler an, ohne ein Zeichen von Aufregung. Frau Reid kam – als Reaktion auf Bradleys Weinen – wieder heraus, schenkte ihm aber nur einen kurzen Blick. Sie sagte zu Margaret: 'Ich will nicht, daß du da malst. Hör auf damit!' Das war ein ausdrücklicher Befehl.

> Margaret hörte nicht auf. Sie malte weiter, als ob sie das nichts anginge. Die Mutter versuchte es mit einer anderen Taktik. Sie sagte: 'Ich wette, daß es Vati nicht gefallen wird, wenn ich ihm erzähle, was du machst.' Dann machte sie eine Pause; offenbar erwartete sie, daß Margaret jetzt endlich gehorchen würde.
> Margaret strich mit ihren nassen, schmutzigen Händen über den Pfeiler.

(Das war, wie ich glaube, eine absichtliche Ungezogenheit, die sich gegen die Mutter richtete.)

> 'Wisch mit deinen Händen nicht über den ganzen Pfeiler', beharrte die Mutter ärgerlich. Margaret machte weiter, ohne Regung im Gesicht, aber ein bißchen zittrig in ihren Bewegungen. 'Warum kannst du nicht mit deinen Puppen spielen und das da sein lassen?' fragte ihre Mutter mit großem Widerwillen.
> Margaret strich weiter; sie schaute die Mutter nicht an und antwortete ihr auch nicht. 'Hör mal, Margaret, du gehst nicht mehr zum Eimer, um neues Wasser zu holen. Hörst du?' Frau Reid sprach mit Nachdruck, jetzt wirklich aufgebracht.
> Margaret nickte bestätigend mit dem Kopf; damit beantwortete sie offenbar die Frage: 'Hörst du?' Die Mutter sagte: 'Gut, du hast versprochen, es nicht mehr zu tun, und jetzt mußt du dich auch daran halten', und ging zurück ins Haus. Bradley jammerte immer noch.
> Margaret murmelte leise, aber mit Bestimmtheit: 'Ich muß das auf jeden Fall fertigmachen. '

(Mit anderen Worten: Sie hörte nicht auf, nur weil ihre Mutter das so wollte.)

> Sie sagte: 'Ich muß auf jeden Fall so viel machen.'

(Sie schien zu sich selbst zu sprechen, aber gleichzeitig auch auf die Anordnung ihrer Mutter zu antworten.)

> Nach einiger Zeit bückte sie sich, um im Eimer herumzukratzen und zu rühren. Dann machte sie weiter, tauchte abwechselnd den Zweig ein und strich den Pfeiler. Sie war mit ganzem Herzen bei der Sache, und es machte ihr wirklichen Spaß.

(Ich glaube, es machte ihr aus zwei Gründen Freude: Das Spiel selber machte ebenso Spaß wie gegen Anordnungen zu verstoßen.)

> Sie führte Selbstgespräche, sagte ungefähr: 'Faß da nicht an,

davon bekommst du schmutzige Hände.' Nach einer Weile sagte sie: 'Es ist eine lange Zeit, bis ich male.'

(Ich konnte weder aus dem Wortlaut noch aus ihrem Verhalten schließen, was sie meinte: daß sie vor einer langen Zeit mit Malen angefangen hatte, oder daß es lange dauern würde, bis sie wieder malen könnte.)

Dann fügte sie hinzu: 'Ich werde immer wieder fertigwerden.'

(Ich glaube, daß sie meinte, daß sie immer weitermachen und nie aufhören würde. Sie sprach aus tiefster Seele, als ob sie einfach nie mit dem Malen aufhören könnte, und ich hatte den Eindruck, daß das eine unmittelbare Antwort auf das Verbot ihrer Mutter war.)

Mit zufriedenem Gesichtsausdruck goß sie etwas Wasser auf den Pfeiler. Sie sagte: 'Das ist vielleicht trocken' und strich behutsam über die Oberfläche des frisch gestrichenen Pfeilers. Dann sagte sie: 'Das wird trocknen' und tupfte probeweise auf eine andere Stelle des Pfeilers. 'Das wird trocknen', wiederholte sie.
'Das Ding', sagte sie, und hörte auf, als ob sie ihre Gedanken unterdrücken würde. Dann sagte sie, kaum hörbar, aber mit Nachdruck: 'Das Ding bleibt jetzt hundert Tage lang dreckig.' Sie klang sehr erfreut." (*Wright*, S. 188 ff., Übers. durch den Verf.) ◀

An einigen Stellen beschreibt der Autor Befindlichkeiten des Mädchens (z. B. „Es machte ihr wirklichen Spaß"), die nicht ohne weiteres nachzuvollziehen sind, weil die Ebene des Sicht- und Hörbaren verlassen wurde. Es kann sich lohnen, den Text unter diesem Gesichtspunkt noch einmal zu lesen.
Gegen Ende der Episode sind einige Äußerungen des Mädchens nicht verständlich oder nicht eindeutig; dies kann aber nicht verhindern, dass zwei Dinge hinreichend deutlich werden:

Die Mutter zieht nacheinander verschiedene Register dessen, was sie für Erziehung hält, und das Mädchen verfolgt gegen den Willen der Mutter etwas, was ihm wichtig ist.

3) Gerade bei Kindern laufen manche aufschlussreichen und interessanten Ereignisse ab, ohne dass ein einziges Wort gesprochen wird:

▶ Stefanie und Jens (beide 3 J.) sitzen auf einem Bauteppich und schichten Türme aus Klötzen aufeinander. René (6 J.) kommt unter einem Schränkchen, das den Teppich und die benachbarte große Bauecke voneinander trennt, durchgekrabbelt. Er hebt gerade den Kopf, um sich umzusehen, da stößt er mit der Stirn während des Vorwärtskrabbelns Stefanies Turm um. Stefanie und René erstarren, schauen sich kurz an. Dann nimmt Stefanie einen Klotz und schlägt damit auf Renés Kopf, jedoch nicht so fest, dass es ihm weh täte. Nach einigen Sekunden schlägt René sanft mit der flachen Hand auf Stefanies Fuß; sie schlägt daraufhin noch einmal mit dem Holzklotz zu. René krabbelt wortlos rückwärts. ◀

(Man hat das Gefühl, als ob die beiden Kinder diplomatisches Vorgehen demonstrieren: Strafe muss zunächst sein, aber nicht verletzend, sondern eher symbolisch und auf den 'schuldigen' Körperteil. Revanche darf auch sein, aber in noch stärker abgeschwächter Form, wie es dem 'Schuldigen' besonders gegenüber einem jüngeren Kind zukommt. Darauf wird noch einmal reagiert, danach kann der Zwischenfall als erledigt betrachtet werden: Ist der Gerechtigkeit Genüge getan?)

4) In vielen Fällen genügt die ausschließliche Wiedergabe des gesprochenen Wortes nicht, weil sie ein falsches Bild vermitteln würde. Die Betonung der wörtlichen Rede heißt nicht, dass reine Sprachprotokolle anzustreben seien. Ein Beispiel:

▶ Martin möchte an seinem Webrahmen mit einer neuen Farbe anfangen; es gelingt ihm aber nicht, den Faden am Rahmen festzuknoten. Er schaut sich um und fragt einen Besucher, der an diesem Morgen erstmals in der Gruppe ist: „Können Sie mir mal helfen?“ Der Angesprochene knüpft nach einem kurzen „Ja, sicher“ den Faden wortlos fest. Martin fragt:
„Von wem bist du denn der Vater?“
Der Besucher erklärt, dass sein Sohn auch im Kindergarten sei, jedoch in einer anderen Stadt. Nach einer Pause von etwa einer halben Minute sagt Martin:
„Hier hat eine Fabrik gebrannt.“
Der Besucher antwortet einsilbig: „Na sowas.“ Wieder nach einer längeren Pause sagt Martin, während er auf seinen Webrahmen deutet:
„Ich mache immer nur so viel“ (von einer Farbe).
Damit endet die 'Unterhaltung'. ◀

Das Beispiel zeigt zweierlei:
Erstens muss die fehlende oder einsilbige Reaktion des Gegenübers mitgeschildert werden, um nicht den Eindruck aufkommen zu lassen, Martin würde

sprunghaft aus heiterem Himmel bei jedem Satz das Thema wechseln. Zweitens zeigt sich in diesem Fall, dass ein Kind noch stärker als ein Erwachsener nicht alles ausspricht, was zum Verständnis der Situation notwendig ist. Vieles wird durch Gesten einbezogen, manches nicht angesprochen, weil es als selbstverständlich betrachtet wird. Manchmal sind Kinder sehr erstaunt, wenn ihre Gesprächspartner nicht wissen, was sie mit „das da" meinen oder was sie genau tun sollen, wenn das Kind „mach das mal richtig" oder „mach das so wie meine Mama" sagt. So würde ein Erwachsener wohl eher fragen: „Können Sie mir den Faden mal anknoten?" oder sagen: „Immer nach einem Zentimeter nehme ich eine andere Farbe". Für die Abfassung einer Schilderung folgt daraus, dass zusätzlich zu den sprachlichen Äußerungen Mimik, Gestik und andere nichtsprachliche Elemente der Ereignisfolge wiederzugeben sind, wenn sie für ihr Verständnis wichtig sind.

11) Anregungen aus der Literatur

Es liegt nahe, sich Anregungen und Beispiele bei Schriftstellerinnen und Schriftstellern zu holen, die das Schildern von Situationen, Menschen, Beziehungen und Entwicklungen schließlich zu ihrem Beruf gemacht haben. Besonders bei denjenigen, die kleine Kinder in ihre Erzählungen einbeziehen, müssten Vorbilder für treffende Beschreibungen zu finden sein, die für Erzieherinnen auch fachlich interessant sind. Ein Beispiel:

▶ (Edward, ein Vater, hat sich entschlossen, sein Kind Dicky zum ersten Mal durch Schläge zu bestrafen.)

„'Du weißt ja wohl, weshalb ich gekommen bin, Dicky?' sagte Edward. Dicky antwortete nicht.

'Ich bin gekommen, um dich zu schlagen!'

Keine Antwort.

'Hebe dein Nachthemd hoch!'

Jetzt sah Dicky auf. Er wurde dunkelrot. 'Muss ich?' flüsterte er.

'Los jetzt, los! Mach ein bisschen schnell!' sagte Edward, packte den Pantoffel und verabreichte Dicky drei derbe Klapse. 'Das lass dir jetzt zur Lehre dienen, damit du dich ordentlich zu Mutter benimmst!'

Dicky stand da und ließ den Kopf hängen.

'Mach jetzt und geh zu Bett!' sagte sein Vater.

Er rührte sich noch immer nicht. Aber eine etwas wackelige Stimme sagte: 'Ich habe mir noch nicht die Zähne geputzt, Daddy.'

'Was ist noch?'

> Dicky blickte auf. Seine Lippen zitterten, aber seine Augen waren trocken. Er hatte keine Träne vergossen und keinen Mucks hören lassen. Er schluckte nur und sagte heiser: 'Ich habe mir noch nicht die Zähne geputzt, Daddy!'" (*Mansfield*, S. 185 f.) ◀

Katherine Mansfield ist eine herausragende Vertreterin jener Erzähler, die Menschliches besonders eindringlich und überzeugend dadurch beschreiben und charakterisieren, dass sie schlicht und treffend erzählen, was Menschen tun und was sie sagen. Es lohnt sich daher, solche Erzählungen auch einmal unter fachlichen Gesichtspunkten zu lesen. Dies gilt auch dann, wenn man davon ausgeht, dass es sich um 'erdichtete' Geschichten handelt; entscheidend ist, dass sie treffend sind. Es gilt auch, wenn man bedenkt, dass die Vorsicht in der Wortwahl ein bewusst eingesetztes Stilmittel ist wie im folgenden Beispiel:

> ▶ „Eines Tages wurde ihre Mutter plötzlich krank und musste in einem geschlossenen Wagen mit Großmutter in die Stadt fahren. Das Töchterchen blieb mit Alice, dem 'Mädchen für alles', allein im Haus." (ebd., S. 70) ◀

Es wird nur gesagt, dass die Mutter erkrankt ist, aber nicht, wie ernst und woran. Der Wagen wird nicht näher bezeichnet; ist es ein Krankenwagen, ein Taxi oder was sonst? Wohin fuhr er? Ins Krankenhaus? Zu einem Arzt? Wohin sonst? Hier hat sich jedoch keine selbstkritische Beobachterin Rechenschaft darüber abgelegt, was sie gesehen hat und was nicht, sondern die Autorin schildert, wie wenig Kezia, die Hauptfigur der Geschichte, weiß und versteht, um die Leser zur Frage führen, wie sich das kleine Mädchen in diesem Augenblick fühlen muss. Dennoch würde eine Beobachterin vielleicht haargenau dieselben Worte gewählt haben.

4.4 Aufzeichnungen als „Logbuch"

Im Folgenden soll das „Logbuch"* als eine Form der Dokumentation von Praxisalltag vorgestellt werden, die im Vorfeld systematischer Beobachtung ihren Platz hat.

Werden im herkömmlichen Gruppentagebuch in erster Linie die Entwicklungsverläufe der Kinder aufgezeichnet, so geht es im Logbuch darum, *das Gruppen-*

* Der Begriff stammt aus dem Seewesen: Ein Logbuch ist ein Schiffstagebuch; es enthält Angaben zur Wetterlage, zum Kurs, zu den Menschen „an Bord" und zu besonderen Vorkommnissen.

leben beispielhaft in seiner ganzen Vielfalt und Buntheit schriftlich festzuhalten.

Niedergeschrieben wird *täglich* das, was vom Tagesverlauf in Erinnerung geblieben ist. Dies können kleine Alltagssituationen, besondere Ereignisse oder auch persönliche Anmerkungen sein. Dabei kommt es weniger auf schön formulierte Sätze an, sondern auf die Authentizität und Aktualität der geschilderten Situationen. Mehr als fünf Minuten sollten die Aufzeichnungen nicht in Anspruch nehmen!

Die zeitliche Begrenzung ist wichtig:
- Sie hält den Arbeitsaufwand in zumutbarem Rahmen;
- sie zwingt zu einer gewissen Spontaneität der Auswahl;
- sie unterstützt eine Form der Niederschrift, die eher beschreibt als bewertet.

Das Logbuch kann gemeinsam für jede Gruppe geführt werden, es kann aber auch jede Mitarbeiterin „ihr" eigenes Logbuch führen. (Bewährt haben sich Kalenderbücher mit einer Seite pro Arbeitstag.) Inwieweit die Logbücher dem Team zur Verfügung stehen oder eher der persönlichen Reflexion dienen, muss erprobt und ausgehandelt werden. In der Anfangsphase erleben Erzieherinnen es als hilfreich und entlastend, den Umgang mit dem Logbuch erst einmal „für sich alleine" zu erproben. Ist diese Methode vertraut geworden, fällt es leichter, Aufzeichnungen zu vergleichen und zu diskutieren.

Beispiel für eine Tagebuchseite:

▶ Heute morgen: Mein erster Arbeitstag nach den Ferien; ich wurde mit Informationen überschüttet.
Selda und Melike ganz „versunken" in der Bauecke. Sie bauten aus Lego eine Küche für ihre Barbies. Ich glaube, sie hatten um sich herum alles vergessen!
Christoph durfte seinen Ziegelstein nicht mit nach Hause nehmen (schade)!
Henrike hatte Felix in der Mangel, kratzte ihm ins Gesicht.
Ärger mit Grundstücksnachbarin: Kinder haben Steine 'rübergeschmissen.
Unsere Pappröhren waren heute Kanonen und Ferngläser.
Vorhin „nervige" Teamsitzung. ◀

Sinn und Nutzen eines solchen Logbuches sind vielfältig:

Die Erzieherin verfügt im Lauf der Zeit über einen „Pool" von Situationen und Ereignissen, die die Grundlage darstellen können für weitere, systematische Beobachtungen im Rahmen der Situationsanalyse.

Durch die Führung eines Logbuches wird die eigene Wahrnehmung geschult:

Welche Kinder tauchen immer wieder auf, welche gar nicht? Welche Art Situation beschreibe ich häufig, welche „übersehe" ich? Führt jede Mitarbeiterin ein solches Logbuch, ist natürlich auch der Vergleich interessant: Wer hat welche Situation festgehalten, wie wurden jeweils die Akzente gesetzt?

Das Logbuch – mit seiner Aufforderung zur lebendigen *Beschreibung* – ist ein gutes „all-tägliches" Übungsfeld für freie Schilderungen im Zusammenhang mit gezielten Beobachtungen.

5. Beobachtung als Prozess

Die Bearbeitung eines Themas und das damit verbundene Sammeln von Beobachtungsmaterial sollte nicht als einmaliger Vorgang, sondern vielmehr als selbstverständliches Element der Situationsanalyse verstanden werden. Erst im Lauf der Zeit wird eine Erzieherin beispielsweise das Wissen über ein Kind erwerben, das ihr planvolles erzieherisches Vorgehen gestattet. Dabei wird sie, wie *K. Utz* es formuliert, zwischen „Beobachtungsphasen" und „Reflexionsphasen" abwechseln, um die bisherigen Beobachtungen zu ordnen, Fragestellungen zu entwickeln oder zu präzisieren, oder um festzulegen, nach welchen Ansatzmöglichkeiten für erzieherische Maßnahmen sie suchen will.

Dieser Vorgang kann in zwei Richtungen verlaufen: Entweder wird die Erzieherin auf Ereignisse im Gruppenleben aufmerksam, die sie einzuordnen versucht. Sie kann versuchen, Häufigkeiten zu erfassen, die Abläufe des Geschehens bei Folgebeobachtungen präziser zu erfassen als beim ersten Mal oder das Geschehen auf Eingriffsmöglichkeiten hin abzutasten. Hier stellt die anfängliche Beobachtung den Anlass zur Reflexion dar. Umgekehrt kann eine Erzieherin auch von allgemeinen Fragestellungen ausgehen, zu denen sie entsprechende Beobachtungen sammelt. Solche Fragestellungen können die Eingliederung neuer Kinder in die Gruppe, die soziale Funktion von Spielmaterial, die Raumaufteilung o.ä. sein. Hier geht der Weg von der allgemeineren Fragestellung zum konkreten Geschehen in der eigenen Gruppe. Bei der ersten Entwicklungsrichtung stellt sich meist die Frage, wie ein beobachtetes Ereignis einzuordnen ist. Bei der zweiten Richtung wird von den Fragen ausgegangen, ob ein bestimmtes Geschehen auch in der eigenen Gruppe zu beobachten ist oder wie regelmäßig wiederkehrende Abläufe und Ereignisse in einem bestimmten Fall ausgeprägt sind. Beide Richtungen werden sich abwechseln, je nachdem, ob neues Beobachtungsmaterial einzuordnen ist oder neue Gesichtspunkte im Gruppengeschehen aufzusuchen sind. Man kann von einem Kreisprozess oder wie *Utz* von einer „Spirale" sprechen, da „die globale, umfassende Beobachtung von Alltagssituationen im Kindergarten einzelner Kinder oder der ganzen Gruppe – immer mehr differenziert und auf einzelne Verhaltensmuster zentriert" wird (*Utz*, S. 111).

Beobachtung stellt somit einen wechselseitigen Prozess zwischen der Erzieherin und den Kindersituationen dar, mit „offenem Ende", denn sie wird immer wieder zu neuen, pädagogisch bedeutsamen Fragestellungen führen.

Manchmal erhalten einzelne Beobachtungen im Verlauf eines solchen Prozesses erst im nachhinein ihren Stellenwert. Auf Seite 84 wurde ein Beispiel geschildert, bei dem die Bedeutung einer kindlichen Äußerung dem Beobachter erst Tage später anläßlich einer anderen Beobachtung deutlich wurde.

Ein Beobachtungsprozess in dieser Spiralform kann vier Momente enthalten:

1) **Aufsuchen allgemeiner Begriffe oder Etiketten im tatsächlichen Gruppengeschehen**
Ein Kind kann beim Aufnahmegespräch als „scheu" oder „robust" geschildert werden. Damit hat die Erzieherin eine Suchrichtung für erste Beobachtungen; nach diesen kann sie sich fragen, ob konkrete Verhaltensweisen des Kindes tatsächlich mit solchen Begriffen passend beschrieben sind oder nicht.

2) **Zurechtrücken, Einordnen in das Gesamtgeschehen**
Beispiele für Versuche, einen vorherrschenden Eindruck zurechtzurücken, wurden früher bereits beschrieben (‚Jan und Thorsten haben sich *ständig* in den Haaren', S. 21, oder ‚der malt ja nur', S. 31).

3) **Bewusstes Umkehren der Fragerichtung**
Die Erzieherin sucht nach Ereignissen, die dem bisher gewonnenen Eindruck widersprechen, oder kehrt die bisherige Fragerichtung um. Ein Beispiel: „Die Erzieherin meint, bei den Kindern ein Defizit auszumachen – was sind denn Jans und Thorstens Stärken?" (*Haucke* 1986, S. 1)
Bei Versuchen, die Persönlichkeit eines Kindes zu erfassen, sind solche Versuche wichtig, um den 'ersten Eindruck', von dem zunächst ausgegangen wird, zu korrigieren.

4) **Suche nach Ansätzen**
Es kann geschehen, dass die Erzieherin bei der bewussten Umkehrung der Fragerichtung zunächst nicht fündig wird. In diesem Fall kann sie nach 'Vorläufern' suchen, d. h. nach Ereignissen und Verhaltensweisen, die zumindest in die angestrebte Richtung gehen.

Diese Momente finden sich in einem Beispiel von *Utz* in folgender Form:

Ausgangspunkt für die Beobachtung eines vierjährigen Mädchens ist die bei der Anmeldung geäußerte Sorge der Mutter, dass es „eigentlich noch viel zu klein und zu sensibel für den Kindergartenbesuch sei." (*Utz*, S. 110)
Die Erzieherin nimmt sich vor, zu beobachten, wie sich das Kind in die Gruppe einlebt und wie die anderen Kinder auf das Mädchen reagieren. Sie registriert: „Jeden Morgen ist der Abschied zwischen Tamara und ihrer Mutter ein kleines Drama. Nach erfolgter Loslösung von der Mutter sitzt Tamara zumeist, mit ihrer mitgebrachten Puppe auf dem Schoß, in der Ecke. Obwohl sie jetzt schon drei Wochen

in der Gruppe ist, wird sie von den meisten Kindern noch nicht angenommen. Will sie mitspielen, wird sie bei den Buben aus der Bauecke hinausgejagt, etwa mit den Worten: 'Du darfst nicht mitspielen, du bist ja doof, du Brillenschlange.' Bei den Mädchen ist sie entweder isoliert oder sie wird höchstens als Baby, als Hund usw. im Rollenspiel eingesetzt. Macht Tamara bei einer Beschäftigung mit, ist sie sehr ungeduldig, will sofort fertig sein – schafft sie die Anforderung nicht, wirft sie schnell z. B. das Gebastelte weg ('das ist ja blöd') und verweigert auch bei weiterer Ermunterung die Mitarbeit." (ebd.)

Diese Beobachtungen bestätigen der Erzieherin, „daß Tamara Schwierigkeiten hat, sich in die Gruppe einzufinden, die Gruppe ablehnend, abstoßend reagiert. Die Erzieherin stellt die Vermutung auf, daß Tamara aufgrund ihrer fehlenden Integration in der Gruppe große Angst vor Mißerfolgen hat und deshalb auch bei Anforderungen sehr schnell verweigert." (ebd.)
Der erste Satz ist wohl zu rigoros formuliert, da vorher Ansätze zu gemeinsamem Spiel zumindest mit einigen Mädchen berichtet wurden. Die danach beschriebene Vermutung („große Angst vor Mißerfolgen") kann die Erzieherin weder beweisen noch widerlegen, da sie es ja mit einer individuellen Einzelsituation zu tun hat, deren Bestandteile sie nicht beliebig verändern und manipulieren kann wie in einem Experiment. Die Vermutung wird noch nicht weiterverfolgt; statt dessen findet die Erzieherin einen Zugang zum Problem, indem sie die Fragerichtung umkehrt und nach Ansätzen sucht:

„Die Erzieherin will jetzt ihre Beobachtungen bei Tamara zentrieren auf die Frage: Gibt es Verhaltensweisen bei Tamara, die bei den anderen Kindern der Gruppe akzeptiert werden?…
Die Erzieherin kann in den folgenden zwei Wochen beobachten, dass die sehr schöne immer noch von zu Hause mitgebrachte Puppe von Tamara eine *Vermittlungsfunktion* bekommt. Sie legt beispielsweise ihre Puppe in die Wiege am Rand der Puppenecke. Ein anderes Mädchen kommt zu ihr und spielt mit. Zu zweit gehen sie mit der Puppe im Raum spazieren usw. Ein anderes Kind bringt einen Puppenwagen mit, Tamara darf (als gleichberechtigte Mutter) ihre Puppe auch reinlegen." (ebd., S. 110 f., Hervorhebung im Original)

Was der Erzieherin jetzt ins Blickfeld geraten ist, kann sie als ersten kleinen Schritt in die angestrebte Richtung werten, der von den Kindern ausgeht und den sie fördern und unterstützen kann. Möglicherweise wäre sie von selbst auf „Selbstheilungsbewegungen" (*Utz*) dieser Art nicht gekommen. Wichtig ist auch, dass ihr ein Gegenstand in seiner besonderen sozialen Funktion deutlich geworden ist. Eine Puppe wird zum Puppenspiel benutzt, das ist selbstverständlich; hier hat sie aber für die Teilnahme eines Kindes am Gruppenleben eine Bedeutung gewonnen, die über die übliche weit hinausgeht.

Erst dadurch, dass Beobachtung als Prozess beschrieben wird, ist es möglich, auf Gesichtspunkte einzugehen, über die vorher nicht gesprochen werden konnte:
- Wie lässt sich die Schilderung eines Kindes auf Beobachtungen abstützen?
- Wie können auffällige Verhaltensweisen beobachtet und beschrieben werden?
- Wodurch ergibt sich eine Systematik der Beobachtung?
- Ist Beobachtung „nur" subjektiv?
- Was folgt aus Beobachtungen?
- Welche Funktion haben Beobachtungen im situationsbezogenen Ansatz?

5.1 Schilderung eines Kindes

Das Bild, das sich die Erzieherin von einem Kind macht, kommt erst im Lauf der Zeit durch einen Prozess des Suchens und Ordnens zustande. Der erste Eindruck wird zunächst als Ausgangspunkt festgehalten. Es folgen Versuche, die Verhaltensweisen, die zu diesem Eindruck geführt haben, genauer zu erfassen und zu differenzieren. Schon dabei werden sich Korrekturen und Erweiterungen ergeben. Die Erzieherin wird weiter die Fragerichtung bewusst umkehren und nach Ereignissen Ausschau halten, die dem bisher gewonnenen Bild widersprechen und ihr dadurch andere Seiten der Persönlichkeit des Kindes eröffnen. Schließlich kann sich die Erzieherin fragen, ob sie zu allen bedeutsamen Gesichtspunkten für die Beschreibung eines Kindes (Verhältnis zu Gleichaltrigen, zur Erzieherin, zu Sachen und sachlichen Aufgaben, zu sich selbst, zu Werten) genügend Aussagen machen kann oder wo sie noch weiteres Beobachtungsmaterial braucht.

Als **Beispiel** folgt die Schilderung von Thomas, einem 5;7 Jahre alten Jungen, der seit 2;2 Jahren den Kindergarten besucht. Der erste Eindruck eines Beobachters, der Thomas in seiner Gruppe kennenlernt: Thomas ist dasjenige Kind, das von der Erzieherin besonders häufig zur Ordnung gerufen werden muss, weil er andere Kinder stört bzw. sich nicht an Gruppenregeln hält. Er geht Streitigkeiten und Raufereien mit anderen Kindern nicht aus dem Weg.

Dies lässt sich in der Folgezeit in verschiedenartigen Situationen beobachten:

1) Thomas ist an Auseinandersetzungen mit anderen Kindern in unterschiedlicher Weise beteiligt:

▶ Yalan setzt sich auf den Rand eines Stuhles, auf dem schon Sabine sitzt. Nach und nach versucht sie, Sabine vom Stuhl zu drängen. Plötzlich und ohne ein Wort zu sagen, schlägt Sabine Yalan ins Gesicht. Sofort danach schlägt Thomas, der mit am Tisch sitzt,

seinerseits Sabine ins Gesicht.
Thomas setzt sich mit Georg und Jens zum Mittagessen an einen Tisch. Nach einer halben Minute hat er Georg einen Löffel weggenommen und streitet sich mit ihm darum. Nachdem die Erzieherin eingegriffen hat, dauert es nur kurze Zeit, bis er und Jens die Tischdecke hin und her zerren; Thomas hatte einen größeren Zipfel der Decke für sich beansprucht, Jens wollte dies nicht zulassen.
Thomas und Ingo fahren draußen mit Rollern hinter Sabine her, die auf einem Dreirad fährt. Sie versuchen, Sabine den Weg zu versperren oder sie an eine Hauswand zu drängen.
Thomas und Ingo balgen sich draußen fast täglich mit Mario und dessen kleinerem Bruder Jens herum. Meist zettelt Thomas die Rauferei an, etwa indem er Mario reizt: „Mario, dumme Nuss, hier bin ich!“ Wenn dieser auf Thomas losstürzt, wird er von Ingo zu Boden geworfen oder festgehalten, während Thomas leichtes Spiel mit Jens hat.
Edith macht eine spöttische Bemerkung über Ulrikes Kleidung; Thomas, der öfter betont, dass Ulrike und er Freunde sind, schlägt Edith auf den Rücken.
Thomas schlendert durch den Gruppenraum und bringt im Vorbeigehen Puzzleteile, die Raffael auf dem Tisch liegen hat, durcheinander. ◀

Zusammengenommen ergibt sich: Thomas gerät nicht nur mit bestimmten, sondern mit vielen verschiedenen Kindern in Auseinandersetzungen. Er zieht kaum einmal den kürzeren. Oft ist er derjenige, der den Streit auslöst. In den Mitteln, die er einsetzt, ist er nicht wählerisch. Wenn er mit Ingo zusammen ist, scheint er besonders rauflustig zu sein. Man kann vermuten, dass er manchmal in Situationen, die er als langweilig empfindet, Streitigkeiten auslöst.

2) Thomas muss oft ermahnt werden und hält Gruppenregeln nicht ein:

▶ Bei der Bilderbuchbetrachtung rutscht Thomas als erster nach vorn und nimmt damit anderen Kindern die Sicht. Öfter fällt er anderen Kindern, die sich zu einem Bild äußern, ins Wort. Auch nach mehrmaliger Ermahnung platzt er immer wieder heraus.
Beim Memory-Spiel sagt Thomas anderen Kinder vor („Nimm die Karte da, dann kriegst du ein Pärchen!“) und versucht, Karten, von denen er weiß, wo das Gegenstück ist, unter anderen Karten oder unter seinem Unterarm zu verstecken. Er wartet allerdings regelmäßig, bis er an der Reihe ist, versucht nicht, sich vorzudrängeln.

Anlässlich einer Geburtstagsfeier wird auch gespielt: „Und wer im… geboren ist, tritt ein…“. Thomas ist das erste Kind, das die im Liedtext enthaltenen Anweisungen nicht befolgt.
Thomas spielt mit Edith im Gruppenraum Nachlaufen, das er nach Ermahnung der Erzieherin in den Flur verlagert und erst nach einer Viertelstunde ganz einstellt. ◀

Zusammengenommen: Thomas fällt es immer wieder schwer, sich Regeln oder Anweisungen unterzuordnen. Eine einmalige Ermahnung oder Erinnerung bewirkt meist wenig.

In beiden Hinsichten hat sich der erste Eindruck bestätigt. Schon nach kurzer Beobachtungszeit allerdings kristallisieren sich Züge heraus, die darüber hinausgehen und die ebenfalls zum Bild von Thomas und seiner Stellung in der Gruppe gehören:

3) Thomas setzt zwar öfter handgreifliche Mittel ein, um sich zu behaupten oder durchzusetzen. Er ist deswegen aber keine Anführerfigur in der Gruppe:

▶ Gegenüber kleineren Kindern setzt Thomas sich öfter eindeutig und rabiat durch. Mit einem knappen Befehl: „Raus hier!“ schickt er z. B. Jens aus der Bauecke, in die dieser einen Schritt weit hereingekommen ist. Mit einem kurzen: „Gib her!“ veranlasst er Anne, ihm unverzüglich eine Schere zu geben.
Gegenüber gleichaltrigen Kindern macht er wesentlich mehr Worte und begründet auch, warum er etwas möchte. Wortreich überredet er z.B. drei Jungen aus einer anderen Gruppe, bei einem ‘Autorennen’ im Sandkasten, das er mit Martin veranstaltet, Zuschauer zu spielen. (Allerdings sind die drei Jungen nach fünf Minuten wieder verschwunden.)
Gegenüber bestimmten älteren Kindern, wie z. B. Ingo, verlegt sich Thomas notfalls auch aufs Bitten: „Komm, Ingo, Webrahmen!“ lädt er ihn zur gemeinsamen Beschäftigung ein. Als dieser ablehnt, geht Thomas zu ihm hin, legt ihm einen Arm um die Schulter und sagt: „Ach bitte, Ingo!“ und noch einmal: „Bitte!“, woraufhin dieser sich erweichen lässt. (Allerdings geht Ingo nach wenigen Minuten wieder.) ◀

Thomas stellt sich also recht gut auf das Kind ein, das er gerade vor sich hat. Gegenüber manchen Kindern zeigt er ein Verhalten, das er sich gegenüber anderen wahrscheinlich nie erlauben würde.

4) Thomas zeigt sich auch rücksichtsvoll und hilfsbereit, gerade gegenüber den jüngsten Kindern in der Gruppe:

▶ Marina, das jüngste Kind der Gruppe, hat beim Würfeln eine 'Sechs' gewürfelt und könnte daher sechs Holzkirschen auf einen gemalten Baum legen. Thomas, der mitspielt, bemerkt offenbar, dass sie nicht weiß, wie viele Kirschen sie nehmen muss; er zählt sechs ab und drückt sie ihr in die Hand.
Marina setzt sich zu Thomas in die Leseecke; er blättert in einem Liederbuch. Sie greift herüber, um auf ein Bild zu zeigen. Thomas schiebt ihre Hand ruhig und sanft, ohne Gewaltanwendung, beiseite.
Thomas versucht, Stefanie (3;5) zu helfen, indem er ihr Worte in den Mund legt: „Du musst zu Frau Schmidt sagen: 'Mach mir die Hose zu!'" Als Stefanie nicht reagiert, versucht er es noch einmal: „Sag: 'Hose zu!'" ◀

5) Thomas wechselt zwar öfter die Aktivitäten und die Spielpartner recht schnell, kann sich aber auch mit einer Sache sehr ausdauernd und intensiv beschäftigen:

▶ Mehrere Kinder der Gruppe haben begonnen, mit einem kleinen Webrahmen ein Deckchen zu weben. Eines Morgens holt Thomas seinen Rahmen und beschäftigt sich fast eine Stunde im Gruppenraum damit. Als die Gruppe nach draußen geht, nimmt Thomas einen Stuhl und einen kleinen Tisch mit und webt draußen weiter. Nach dem Mittagessen nimmt er den Webrahmen mit nach Hause; am nächsten Morgen berichtet er der Erzieherin, dass er fertig sei.
Eines Morgens ist Thomas das einzige Kind der Gruppe, das vom Eintreffen im Kindergarten bis zum Hinausgehen auf das Außengelände in der Bauecke bleibt (abgesehen vom Frühstück). Alle anderen Kinder verlassen die Bauecke nach einiger Zeit wieder bzw. stoßen erst später dazu. ◀

Schon diese kurzen Schilderungen machen deutlich, dass man der Persönlichkeit von Thomas unrecht täte, wenn man sie auf einen besonders markanten Zug oder auf einen *„Typ"* reduzieren würde. Auch wenn einzelne Eigenarten besonders markant sind, heißt das nicht, dass es an einem Kind nicht auch noch andere Seiten zu entdecken und zu beschreiben gäbe. Verschiedene Verhaltensweisen können sehr wohl widersprüchlich wirken, bei Thomas beispielsweise sein leicht rücksichtsloses Sich-Durchsetzen einerseits und seine Rücksichtnahme gegenüber deutlich kleineren Kindern andererseits. Beides ist jedoch zu beobachten, und es wäre ein Rückschritt, wenn man versuchen wollte, die Vielfalt der Verhaltensformen um der „Geschlossenheit des Gesamtbildes" willen einzuschränken. Ohnehin wird sich die Erzieherin immer vor Augen halten müssen, dass sie ein Kind nur in einem bestimmten Ausschnitt seines Tagesablaufes beobachten kann und dass deshalb ihr Bild von ihm immer unvollständig sein wird. Was sie aber erreichen kann, ist, über einen ersten, pauschalen Eindruck hinauszugehen, indem sie bewusst auf andere, diesem ersten Eindruck widersprechende Merkmale achtet. Dies sollte sie trotz des Bewusstseins tun, dass jede Beschreibung oder 'Charakterisierung' eines Menschen eine Vereinfachung und Vergröberung darstellt (die hier von Thomas versuchte eingeschlossen). *Kein Mensch, auch kein Kind, ist so einfach beschaffen wie das Bild, das sich andere von ihm machen.*

Auf welche Bereiche der Persönlichkeit sollte eine Schilderung eines Kindes eingehen? Auf welche Verhaltensformen hat sich dementsprechend die Aufmerksamkeit des Beobachters zu richten? Verschiedene Autoren haben auf diese Fragen unterschiedlich detaillierte und verschieden akzentuierte Antworten gegeben; hier zwei Beispiele:

▶ Nach Thomae könnten betrachtet werden (vgl. *Thomae*, S. 48 ff.):
- Das Verhalten im Spiel (Art und Verlauf von Spielen),
- das Verhalten zu Gleichaltrigen (Kontaktbereitschaft, Einordnung, Rücksichtnahme auf andere, Beitrag zum Leben in der Gruppe),
- das Verhalten zu Erziehern (Anerkennung von Regeln und Ordnungen)
- das Verhalten des Kindes zu sich selbst (Stimmung, Wünsche, Ängste),
- das Verhalten zu Sachen und sachlichen Aufgaben (Umgang mit Gegenständen),
- das Verhalten zu Werten (Verhältnis zum Elternhaus, zur Heimat, zu Tieren, zur Natur überhaupt, zur Welt der Kunst, zum Religiösen). ◀

▶ *Just* führt folgende Stichworte an:
- Äußeres Erscheinungsbild,
- Sozialverhalten,
- emotionales Verhalten,
- Spielverhalten,
- Aufgabenverhalten,
- motorisches Verhalten,
- Sprachverhalten,

- Denkverhalten,
- Wertverhalten,
- besondere Verhaltensauffälligkeiten,
- Erzieherverhalten.

Das letzte Stichwort wird aufgeführt, um den Gesichtspunkt hervorzuheben, dass für das Verhalten des Kindes auch von Bedeutung ist, wie es das Verhalten der Erzieherin ihm gegenüber erlebt. Bestimmte Veraltensweisen des Erziehers erlebt das Kind unangenehm, als Strafe, andere erlebt es als Nicht-Beachten, wieder andere als angenehm, als Belohnung (vgl. *Just*, S. 150). Dementsprechend wird es sich oft verhalten. Deshalb muss die Beobachtung des Kindes mit der Beobachtung und Reflexion des eigenen Verhaltens verbunden sein. Auf die damit verbundenen Probleme wird später eingegangen (s. S. 119).

Hilfreiche Anregungen können auch aus Beobachtungen gewonnen werden, welche die Rahmenbedingungen unter die Lupe nehmen: z. B. unter der Fragestellung, inwieweit die Raum- und Zeitkonzeption ein bestimmtes (Spiel-)Verhalten fördert oder einschränkt.

Verglichen mit den beiden zitierten Themenkatalogen wirkt die Beipielbeschreibung von Thomas bruchstückhaft und unfertig. Selbst einem Besucher der Gruppe, der sich ausschließlich auf das Sammeln und Ordnen von Beobachtungen konzentrieren konnte, war es nicht möglich, innerhalb von zwei Wochen eine vollständigere Beschreibung auszuformulieren. Eine Erzieherin wird solche Kataloge noch stärker als Zielgrößen hinnehmen müssen, an denen sie sich orientiert, die sie aber nicht vollständig „erfüllen“ kann.

5.2 Beobachtung von Verhaltensauffälligkeiten

'Auffälliges' Verhalten bedeutet meist 'abweichendes' Verhalten. Entweder unterscheiden sich bestimmte Eigenarten eines Kindes extrem oder massiv von dem Verhalten der anderen Kinder, oder ein Kind weicht in seinem Verhalten massiv und plötzlich von seinem bisher gezeigten ab. Häufig ist von „Verhaltensstörungen“ oder „Problemkindern“ die Rede. Im Zusammenhang mit dem Thema 'Beobachtung' ist zu fragen, ob für die Erfassung und Schilderung solcher Verhaltensweisen spezielle Formen und Techniken der Beobachtung notwendig sind oder ob 'abweichendes' Verhalten prinzipiell in der gleichen Weise erfasst und geschildert werden kann wie 'alltägliches'.

Die *Themen* oder Anlässe der Beobachtung können Verhaltensweisen sein, die durch ihre Seltenheit auffällig sind (z. B. aggressives Verhalten, das ein Kind gegen sich selbst richtet oder beharrliches Schweigen über Tage hinweg, auch gegenüber anderen Kindern). Es können auch abrupte Verhaltensänderungen sein, wenn beispielsweise ein lebhaftes und geselliges Kind plötzlich Einladungen zum Zusammenspiel ablehnt und den Vormittag mit Tagträumereien auf der Fensterbank verbringt. Es können auch Verhaltensweisen sein, bei denen die Erzieherin die Vermutung hat, dass das Kind sich selbst im Wege steht, dass es Probleme nicht oder nur in zwanghaft-verkappter Form angehen kann. Ein Beispiel:

> „Wenn neue Kinder in der Gruppe sind, dauert es nicht lange, bis Frank sich mit ihnen balgt. Anschließend sagt er ihnen: 'So, jetzt weißte Bescheid!'" (*Verlinden & Haucke*, S. 32)

Schließlich können auch Verhaltensbesonderheiten, die sich durch Krankheiten oder Behinderungen ergeben, Beobachtungsanlässe sein.

Gelegenheiten zur Beobachtung bietet wie sonst auch das Alltagsgeschehen. Es ist ja gerade die Frage, wie sich Besonderheiten eines Kindes im alltäglichen Leben in der Gruppe zeigen und auswirken.

Die Technik der *Schilderung* sollte ebenfalls die gewohnte sein. Besonderes Gewicht muss darauf gelegt werden, Etikettierungen durch den Gebrauch von Fachausdrücken zu vermeiden. Statt dessen sind Geschehnisse und Verhaltensweisen so detailliert wie möglich zu schildern, gerade in ihrer Besonderheit und 'Fremdartigkeit'. Oft wird sich dann herausstellen, dass es sich um Verhaltensweisen und Handlungsabläufe handelt, die auch bei anderen Kindern zu beobachten sind, nur nicht so häufig bzw. so überspitzt. Dann verliert das „auffällige" Verhalten viel von seiner Fremdartigkeit. Die ungewöhnlichen Komponenten gehen nicht unter, wie vielleicht befürchtet werden könnte, sondern treten umso deutlicher hervor. Zwei Beispiele:

> „... auch bei Fremden, denen er sich jedoch, wenn auch voller Angst, zuwendete. Seine Frage war nachher stets: 'Wo kommt der her? Ist der lieb?'" (*Schepping*, S. 18)

Nicht der Wortlaut der Fragen ist auffällig. Nur der ständige Gebrauch weist auf ihr besonderes Gewicht hin.

> „Ulrike, 5;8 Jahre, ist sehr aggressiv. Sie hat keinen Freund im Kindergarten, worunter sie leidet. Die ganze Gruppe wird von ihr tyrannisiert. Durch ihre auffallend gute sprachliche Ausdrucksfähigkeit, der die anderen (Land-)Kinder nicht gewachsen sind, können sie ihr nicht erwidern und lassen sich dann sehr viel bie-

> ten. Ulrike nützt ihre 'Stärke' aus, greift dabei Kinder auch tätlich an. Sie schneidet anderen Haare ab, schüttet ihnen beim Essen die Gläser aus, spuckt auf den Boden." (ebd., S. 11) ◀

Die Kennzeichnungen und Etikettierungen in den ersten Sätzen wirken gerade auf kritische Leserinnen wenig überzeugend. „Woran zeigt sich das?" kann immer wieder gefragt werden. „Wie kommt die Autorin darauf?" Mit dem letzten Satz ändert sich das; erst jetzt werden Überspitzungen im Verhalten des Kindes deutlich.

Der *Prozess der Beobachtung* verfolgt als Ziel die Einordnung des 'Symptoms', d. h. des Anlasses der Beobachtung. Dieses Symptom hat in der Regel keine feststehende Bedeutung. Stottern z. B. kann auf Hemmungen des Kindes hindeuten, muss es aber nicht. Ein anderes Kind zu schlagen, kann Ausdruck unbeherrschten Verhaltens sein oder die Reaktion auf Beschimpfungen oder Spott. Deshalb stellt sich zunächst die Aufgabe, Verhaltensweisen hinsichtlich Häufigkeit, Anlass und Ablauf einzuordnen. Zweitens ist zu fragen, welche Eigenarten und Persönlichkeitszüge am Kind außerdem zu beobachten sind. Drittens kann die Fragerichtung umgekehrt werden, indem man nach Veraltensweisen sucht, die das Gegenteil des 'Symptoms' darstellen. Bei welchen Gelegenheiten verhält sich z. B. ein oft handgreiflich werdendes Kind besonders umgänglich oder fürsorglich? Dabei muss nach Ansätzen gesucht werden, die in diese Richtung weisen, seien sie auch noch so klein. Vor allem bei plötzlichen Verhaltensänderungen eines Kindes wird die Erzieherin das Gespräch mit den Eltern suchen, um zu erfahren, ob das Kind außerhalb des Kindergartens besondere Erlebnisse oder Erfahrungen gemacht hat. Selbstverständlich wird sie solche Ereignisse auch innerhalb des Kindergartens suchen.

Wenn gesagt wurde, dass ein 'Symptom' keine feststehende Bedeutung hat, dann gilt dies nicht für Verhaltensbesonderheiten als Folge von Krankheit oder Behinderung. Ein Ereignis dieser Art hat i.d.R. typische Folgen, wenn auch in unterschiedlicher Ausprägung. Damit kann sich die Erzieherin jedoch nicht begnügen, da sie keine Diagnose stellen oder wiederholen will. Statt dessen muss sie sich fragen, welche Auswirkungen auf das Leben des Kindes in der Gruppe zu beobachten sind – und die können sehr unterschiedlich aussehen.

Ein **Beispiel** für den Prozess der Einordnung eines Symptoms:

> ▶ Stefanie (3;5) überraschte bei ihrem Eintritt in den Kindergarten ihre Erzieherinnen damit, dass sie in der Gruppe kein Wort mit ihnen sprach. Sie beantwortete Fragen mit Gesten wie Kopfnicken oder -schütteln, aber sie sagte nichts. Wünsche und Aufforderungen der Erzieherin befolgte sie, aber wortlos.

Die Erzieherinnen versuchten, die Erscheinungsformen und die möglichen Konsequenzen dieses Verhaltens auch in den Beziehungen zwischen Stefanie und den anderen Kindern zu erfassen und zu beschreiben. Dadurch erfuhren sie:

- Stefanie zeigte keine Zeichen von Furcht gegenüber den Erzieherinnen. Sie ging ihnen nicht aus dem Weg, ließ sich von ihnen anziehen, vermied nicht den Blickkontakt mit ihnen.

- Sie konnte ihre Wünsche auch ohne Worte recht gut begreiflich machen. So stellte sie sich einmal neben den Stuhl, auf dem Georg saß, dem die Schuhe zugebunden wurden. Als er fertig war, setzte sie sich wortlos auf den Stuhl: Dies war das Zeichen, dass sie ihre Schuhe ebenfalls zugebunden haben wollte.
  Öfter stellte sie sich wortlos vor die Erzieherin und sah sie unverwandt an. Wenn der Grund nicht offensichtlich war (z. B. die laufende Nase oder der offene Anorak), dann musste die Erzieherin so lange fragen, was Stefanie wollte, bis sie richtig geraten hatte. Nach wenigen Wochen hatten die Erzieherinnen ein gutes Gespür für den jeweiligen Grund entwickelt.

- Ab und zu sprach Stefanie mit anderen Kindern. So setzte sie sich zu Marina, die einen roten Klumpen Knete in der Hand hielt, an den Tisch und plapperte, ohne eine Pause zu machen, drauflos: „Das ist ein Mond, nein, ein Stern. Das ist rot. Das war auch so, wo ich beim Arzt war. Der hat am Finger so gemacht (dreht den Nagel des rechten Zeigefingers auf der Kuppe des linken hin und her) dann kam das raus, das war auch so (meint offenbar die Farbe). Ich mach auch so was." Sie stand auf und holte sich ebenfalls Knete. Stefanie konnte also mindestens altersgemäß sprechen und sich mit anderen Kindern unterhalten.

- Stefanie erfuhr von den anderen Kindern der Gruppe keine gehäufte Ablehnung. Sie wurde nicht weggeschickt, nicht gehänselt, nicht verspottet. Sie war zwar häufig allein oder schaute anderen Kindern zu, aber dies lag nicht daran, dass sie von anderen Kindern zurückgewiesen wurde.

- Stefanie zeigte keine Gefühlsregungen, die zu Besorgnis Anlass gaben. Sie weinte in der Gruppe nicht, auch nicht frühmorgens, wenn sie gebracht wurde. Sie machte keinen nach innen gekehrten, zurückgezogenen Eindruck, sondern beobachtete mit weit geöffneten Augen, was in der Gruppe passierte. Sie scheute nicht die Nähe anderer Kinder. Bei Singspielen sang sie zwar selten mit, aber sie lächelte und klatschte den Takt mit.

- Stefanie entschied, was sie wollte und was nicht. Sie folgte nicht jeder Anregung, auch nicht jeder Einladung anderer Kinder. Sie räumte ihr gemaltes Bild sofort in ihre Mappe, auch wenn die Erzieherin gesagt hatte, dass sie das auch später noch tun könne. Eines Mittags zeigte sie der Erzieherin, dass ihr Pullover und Hemd halb aus der Hose gerutscht waren. Diese sagte, das könne ruhig so bleiben, denn gleich ginge Stefanie doch zum Mittagsschlaf. Stefanie nickte und ging zu einem anderen Erwachsenen, um sich die Kleidung ordnen zu lassen. ◀

Beobachtungen dieser Art waren Anlass für die Erzieherinnen, Stefanies 'auffälliges' Verhalten ihnen gegenüber einfach als gegeben hinzunehmen. Sie warteten auf eine Änderung, die auch nach zwei Monaten einzusetzen begann.

5.3 Systematik der Beobachtung

In fast jeder Abhandlung zum Thema 'Beobachtung' wird auf den Unterschied zwischen Gelegenheitsbeobachtung und systematischer Beobachtung hingewiesen.

Eine *Gelegenheitsbeobachtung* drängt sich auf. Sie regt zu einer Fragestellung an, sie führt der Erzieherin einen Gesichtspunkt vor Augen. Sie kann den Beginn einer Auseinandersetzung mit einem Thema darstellen, aber die Beobachterin hat nicht den Plan gehabt, sie zu machen.

Eine Beobachtung im Rahmen eines *systematischen* Vorgehens ist etwas anderes. Die Beobachterin will einen Gesichtspunkt, eine vorläufige Hypothese, prüfen. Sie will sich vergewissern, ob ein Verhalten, das ihr bei einem Kind aufgefallen ist, öfter zu beobachten ist. Sie will kontrollieren, ob das Kind dieses Verhalten auch gegenüber anderen Gruppenmitgliedern zeigt. Oder sie sucht nach Gegenbeispielen, die den bisherigen Erfahrungen widersprechen. Der einzelne Schritt hat seine Funktion im Rahmen eines planvollen Vorgehens. In diesem Fall lässt sich von einer Systematik des Beobachtungsprozesses sprechen, weil die einzelne Beobachtung in die Bearbeitung einer Fragestellung eingeordnet ist.

Systematische Beobachtung wird häufig mit der Verwendung von Beobachtungsschemata, Einschätzskalen oder Fragebögen gleichgesetzt. Damit wird zunächst in Anspruch genommen, dass die Aufmerksamkeit des Beobachters gleichmäßig auf die verschiedenen Kinder, Zeiten und Orte verteilt wird. Zweitens sollen bei der Beobachtung eines Kindes verschiedene Seiten der Persönlichkeit bzw. verschiedene Bereiche der Entwicklung möglichst gleichgewichtig betrachtet werden. Beide Ziele sind erstrebenswert, lassen sich aber prinzipiell auch bei der Konzentration auf frei formulierte Schilderungen verfolgen. Außerdem muss man sich vor Augen halten, dass bei der Verwendung von strukturierten Beobachtungsbögen die Ausdrucksmöglichkeiten und die Wortwahl des Beobachters vorgegeben und stark eingeschränkt sind, was für die Zwecke der Erzieherin i.d.R. eine Behinderung darstellt. Weiter hat die starre Festlegung von Beobachtungszeitpunkten Nachteile, auf die bereits früher eingegangen wurde (S. 40). Zumindest sollte man sich nach dem Zweck der vorherigen Festlegung fragen. Bei einer Häufigkeitsauszählung zum Gebrauch von Spielmaterial (S. 51) versuchten die Autorinnen zu vermeiden, dass die Ergebnisse durch die Abwesenheit einzelner Kinder verfälscht wurden. Deshalb wählten sie als Beobachtungszeitpunkt *nicht* eine Uhrzeit, sondern den Eintritt eines Ereignisses: Beobachtet wurde, wenn alle Kinder in der Gruppe waren.

Man darf strukturiertes Beobachtungsmaterial nicht unbesehen als überlegen, weil „systematisch" ansehen. Es ist immer die Frage, welche Fragestellungen und Ziele systematisiert worden sind – sie sind nicht immer tiefgründig oder für die Aufgaben der Erzieherin zentral. Zweitens ist immer die Frage, worauf sich die Systematik gründet: Nur auf die Rasterung äußerlicher Gegebenheiten oder auch auf das Verfolgen, Einkreisen oder Erweitern von Fragestellungen?

5.4 Beobachtung als subjektives Geschehen

Wer diejenigen mutlos machen will, die sich der Mühe von Beobachtungen, Aufzeichnungen und Schilderungen unterziehen, braucht nur beharrlich darauf hinzuweisen, dass jede Beobachtung subjektiv sei und mehr über den Beobachter als über das beobachtete Geschehen aussage. (Man könnte spitzfindig erwidern, dass dies dann auch eine subjektive Aussage ist, weil sie auf subjektiven Wahrnehmungen basiert und deshalb zunächst etwas über denjenigen aussagt, der diese Behauptung anführt. Aber das würde nicht weiterführen.) In der Tat lässt sich kein schlüssiger Beweis führen, dass eine Schilderung ein Geschehen vollständig und ausgewogen darstellt. Die sprachlichen Ausdrucksmöglichkeiten setzen ebenso Grenzen wie die Tatsache, dass sich eine Erzieherin in der Gruppe nicht auf die Rolle des Beobachters beschränken kann. Ihre Wahrnehmung ist notwendig lückenhaft. Gerade die selbstkritische Beobachterin wird häufig feststellen, dass manche ihrer Beobachtungen einseitig waren und erst im Lauf der Zeit zurechtgerückt wurden. Wie kann sie also sicher sein, dass sie jetzt einem Kind gerecht wird?

Zunächst ist festzuhalten, dass die Erzieherin verantwortlich handeln *muss*. Dies kann sie nur aufgrund einer möglichst genauen Kenntnis des Geschehens in ihrer Gruppe. Sie *kann* auf Beobachtungen nicht verzichten.

Zweitens lässt sich zwar nicht nachweisen, dass ein idealer Endzustand erreicht wurde, aber es lassen sich Fortschritte erkennen. Man kann das Bessere vom Schlechteren unterscheiden, die ausführlichere, präzisere und ausgewogenere Schilderung von der zu kurzen, ungenauen und nur auf einen Gesichtspunkt bezogenen. Der Motor dieses Fortschritts im Verlauf eines Beobachtungsprozesses ist Kritik; Selbstkritik und Kritik durch andere. Deshalb sind für die gedankliche Verarbeitung von Beobachtungen Gespräche mit Kolleginnen, Beratern oder Eltern ungemein wichtig. Sie lassen erkennen, dass die eigene derzeitige Sicht der Dinge nicht die einzig mögliche ist. Durch sie lernt eine Erzieherin neue Gesichtspunkte kennen, in ihrem Verlauf entpuppen sich Selbstverständlichkeiten plötzlich als fragwürdig. Sie zwingen auch dazu, eigene Ansichten, Hypothesen und Beobachtungen überzeugend zu formulieren und mitzuteilen. Der Satz: „Ich hab's im Kopf, aber ich weiß nicht, wie ich es dir sagen soll!" besagt häufig, dass die eigenen Gedanken noch nicht so klar und schlüssig sind, wie sie sein sollten.

Der Erzieherberuf lebt stärker als andere von Gesprächen, Diskussionen und gegenseitiger Anregung. Keine Erzieherin sollte sich mutlos machen, indem sie sich sagt, dass sie ein Idealziel nicht erreicht. Erzieherinnen können Fortschritte in die Richtung dieses Ziels machen und zwar gemeinsam größere als allein.

Von der Selbstbeobachtung der Erzieherin war bisher noch nicht die Rede. Die damit verbundenen Schwierigkeiten liegen auf der Hand und ein erfolgversprechender Weg, sich ihnen zu stellen, liegt nicht allein in guten Vorsätzen und Versuchen, selbstkritisch zu sein, sondern vor allem in der Möglichkeit des Austauschs mit anderen. Selbst wenn wir zugestehen (müssen), dass wir alle einen „blinden Fleck" haben, ist das noch nicht das Ende des Weges; solange wir ihn nicht alle an derselben Stelle haben, können wir uns gegenseitig noch ein Stück weiterhelfen.

Durch ihr Vorbild, ihre Art mit den Kindern umzugehen, beeinflusst die Erzieherin die Entwicklung und Verfestigung vieler Einstellungen, Normen und Verhaltensweisen bei den Kindern. Dabei wirken die „großen" Appelle und Absichtserklärungen kaum; was zählt, sind die kleinen, täglichen und durch ihre Konstanz wirksamen Gesten, Taten und Sätze. Was hier abläuft und bewirkt werden kann, ist der Beobachtung durch Kolleginnen oft eher zugänglich als der Selbstbeobachtung.

Die Frage der geschlechtsspezifischen Erziehung ist ein Beispiel: Für die Kinder ist auch hier ihre Erzieherin eins der wichtigsten Vorbilder. Ein Beispiel:

> „Bleibt doch mal stehen“, bittet die Gruppenleiterin während eines Spaziergangs die Kinder. „Die Jungen wollen sich noch den Bagger ansehen.“ Für eine mitlaufende Kollegin war dieser Satz der Anlass für die Frage, ob nicht gerade durch solche „Kleinigkeiten“ sich Rollenbilder bei den Kindern verfestigen.

5.5 Beobachtung im situationsbezogenen Ansatz

Der situationsbezogene Ansatz hat seinen Ausgangspunkt in Situationen der Kinder und dies in einem sehr umfassenden und ganzheitlichen Verständnis:
Die aktuellen Bedürfnisse und Fähigkeiten der Kinder spielen ebenso eine Rolle wie ihre allgemeine Lebenssituation. Diese schließt sowohl die weiteren Familienmitglieder als auch die Gegebenheiten des Umfeldes mit ein.

Herkömmliche Planungsstrategien, die im voraus Programme festlegen, eignen sich für diese Form der pädagogischen Arbeit nicht mehr. An ihre Stelle tritt eine offene Planung, die Situationen des Gruppenalltags aufgreift, Verknüpfungen anbietet, Ideen weiterführt, Entwicklungsprozesse unterstützt und fördert.

Dreh- und Angelpunkt einer offenen Planung ist die Situationsanalyse: Durch sie werden Ausgangssituationen auf ihre Bedeutung für die Kinder, die Eltern oder das Team hin näher beleuchtet, ehe sie – thematisch aufbereitet – Eingang finden in die praktische pädagogische Arbeit.
Die Situationsanalyse soll zu einem tieferen Verständnis von Kindersituationen führen, indem sie die spontane Wahrnehmung und Einschätzung der Erzieherin erweitert und bereichert oder auch relativiert.
Dies kann auf verschiedene Weise geschehen: z. B. im Rahmen einer Teamdiskussion oder -reflexion, in Gesprächen mit Kindern, mit Hilfe von Arbeitsschemata oder *durch gezielte Beobachtung.*

> Erinnern wir uns an das Beispiel der Bilderbuchbetrachtung: Thomas ist „das erste Kind, das nach vorn rutscht und damit anderen Kindern die Sicht nimmt. Er ist das einzige Kind, das trotz Ermahnungen mehrmals nach vorn rutscht.“ (S. 89)
> Im Rahmen einer differenzierten Situationsanalyse können neben

der spontanen Einschätzung „Thomas verhält sich rücksichtslos" noch ganz andere Aspekte ins Blickfeld rücken, die jeweils unterschiedliche pädagogische Entscheidungen nach sich ziehen würden:

- Ist es denkbar, dass das Thema der Bilderbuchgeschichte für Thomas z. Z. besonders interessant ist (er will unbedingt alles mitkriegen) oder aber – im Gegenteil – altbekannt und langweilig (er stört)?
- Steckt er in einer schwierigen familiären Situation, die ihm Kopfzerbrechen bereitet, so dass er nicht so gut zuhören kann (er braucht jemanden, der *ihm* zuhört)?
- Was war in der „zweiten Reihe" los? Gab es hier vielleicht Gedrängel und Streitereien, denen Thomas ausweichen wollte oder musste?
- Möglicherweise war für Thomas eher „Bewegung" als „Stillsitzen" angesagt – wie aber ist er dann in die „Bilderbuchgruppe" hineingeraten?

Bei der Entscheidung über das weitere pädagogische Vorgehen spielen die Vor-Erfahrungen mit dem Kind, der Blick auf die gesamte Gruppe, Kenntnisse über das Umfeld und die Familien, aber auch Intuition eine wichtige Rolle. Möglicherweise ist zunächst eine gezielte Beobachtung sinnvoll, um weitere Klarheit zu gewinnen, ehe pädagogische Schritte in Gang gesetzt werden. ◀

Im Rahmen sozialökologischer Forschung (*Bronfenbrenner*) wurde deutlich, auf welch intensive Weise das Wohl des Kindes mit dem Wohl der Familien und den Lebensbedingungen vor Ort verbunden ist.
Mitzuwirken bei der Stärkung des sozialen Netzwerkes – im Sinne einer „Öffnung nach außen" – stellt von daher eine wichtige Aufgabe für die Tageseinrichtung dar.

Für die Situationsanalyse hat dies zur Folge, *dass sich der Beobachtungsraum erweitert:* Er geht über die Einrichtung hinaus und bezieht das Lebensumfeld der Kinder mit ein.

Beobachtungen im Rahmen einer *Umfeldanalyse* können der Erzieherin ein realistisches Bild von der Situation im Stadtteil, in der Gemeinde vermitteln: Straßen, Häuser, Verkehr, Grünflächen, Nachbarschaften, Vereinswesen etc. sprechen eine eigene Sprache und sagen viel darüber aus, welche Möglichkeiten der Entfaltung sich Kindern und Familien bieten oder welchen Einschränkungen und Belastungen sie durch Lärm, Schmutz, Verkehr, beengte Wohnverhältnisse ausgesetzt sind.

Die Erzieherin wird vielleicht auch mit Verwunderung feststellen, dass dies bei kleinräumiger Betrachtung – also von Straße zu Straße – höchst unterschiedlich aussehen kann.

Die Beobachtungen im Umfeld können im Sinne einer umfassenden Bestandsaufnahme durchgeführt werden oder aber gezielt zu bestimmten Fragestellungen, auch unter Beteiligung der Kinder und Eltern, erfolgen. Im Rahmen einer Ortsbegehung lassen sich über Eigen- und Fremdwahrnehmung aufschlussreiche Informationen gewinnen: Was höre, sehe, empfinde ich, was fällt mir auf; was fällt Kindern und anderen Erwachsenen auf?
Um ein möglichst differenziertes Bild vom Umfeld zu erhalten, können diese Eindrücke ergänzt werden durch Daten zur Bevölkerungsstruktur, zur Arbeitsmarktsituation, zur Infrastruktur, zur politischen Landschaft etc. Ein Beispiel:

> Eine Einrichtung liegt in einer Neubausiedlung mit mehrstöckigen Wohnhäusern. Zwischen den Häusern sind großzügige Grünflächen mit Wiesen, Sträuchern und einigen Spielgeräten angelegt. Auf den ersten Blick sieht es so aus, als stünde den Kindern hier ein ausreichender Bewegungraum zur Verfügung.
> Im Rahmen einer Umfeldanalyse finden die Erzieherinnen heraus, dass die Freiflächen seitens des Mietervereins mit einem solch komplizierten formellen und informellen Regelwerk belegt sind (Fußballspiel nur mit Softbällen und nicht als „Mannschaft", keine Kreide-„Graffiti" auf den Gehwegen, keinen Sand aus der Sandkiste auf die Wiese schippen etc.), dass es für die Kinder nahezu unmöglich ist, sich dort frei und ungezwungen zu bewegen.

Das Umfeld bietet eine Fülle von Hinweisen darauf, „wie es den Kindern geht", was sie brauchen, was sie vermissen.
Erzieherinnen können vor diesem Hintergrund fragen: Passt das, was die Kinder an Lern- und Erfahrungsmöglichkeiten in unserer Einrichtung vorfinden, zu dem, was unsere Gemeinde ihnen bietet bzw. vorenthält; ergänzen sich „innen" und „außen" in sinnvoller und entwicklungsfördernder Weise?

Eine Erweiterung des Beobachtungsraumes „nach außen" schärft daher auch den Blick für konzeptionelle Stärken und Schwächen innerhalb der Einrichtung und kann von daher wichtige Impulse und Anregungen für die Weiterentwicklung der pädagogischen Arbeit bereithalten.

Möglicherweise schließt sich dann an die Erkundung im Stadtteil eine kritische „Ortsbegehung" durch die eigenen Gruppenräume an!

Was folgt aus Beobachtungen?

Beobachtungen sollen kein Selbstzweck sein. Sie sollen der Erzieherin Gelegenheit geben, Einstellungen und Ansichten kritisch zu überprüfen, sie sollen eine Grundlage für erzieherisches Handeln bilden. Es ist ein Maßstab für die Nützlichkeit eines Beobachtungsverfahrens, ob es Informationen liefert, die in die erzieherische Arbeit einfließen.

Einige Beispiele dafür, wie eine solche Umsetzung in pädagogisches Handeln aussehen kann, sollen im Folgenden vorgestellt werden. Eine ausführliche Darstellung, die sich auch eingehend mit didaktischen und methodischen Konzepten zu befassen hätte, würde allerdings den Rahmen dieser Arbeit sprengen.

Beobachtungen liefern im einfachsten Fall Stichworte für Themen von Spielen, Tätigkeiten und Beschäftigungen:

▸ Eine Erzieherin beobachtet, dass die neu aufgenommenen Kinder der Gruppe häufig in den Waschraum gehen, um dort mit Wasser zu hantieren. Mehrmals in der Woche steht der Waschraum regelrecht unter Wasser. Sie hat nun eine ganze Reihe von Möglichkeiten. Sie könnte sich überlegen, wie sie den Zugang zum Waschraum reglementieren kann, um derartige Ereignisse zu unterbinden. Sie könnte sich entschließen, die Kinder gewähren zu lassen, vielleicht in der Hoffnung, dass der Zustand nicht lange anhält. Was die Erzieherin tatsächlich tat, war eine Umsetzung in eine für sie tragbare Form: Sie ging davon aus, dass es für die Kinder neu und interessant war, mit Wasser zu hantieren. Sie stellte einen Plastiksandkasten auf zwei Holzböcken in den Gruppenraum, füllte ihn ca. fünf Zentimeter hoch mit Wasser, legte verschiedene Gefäße, Pumpen und kleine Schiffchen hinein und besprach mit den Kindern ihre Regeln: Nur zwei Kinder zur gleichen Zeit, Malkittel, kein Verspritzen von Wasser außerhalb des Kastens. Sie beobachtete, dass insbesondere die neu aufgenommenen Kinder häufig dort spielten, dass der Waschraum trocken blieb und dass das Interesse der Kinder am Wasserkasten nach einiger Zeit abflaute.

„Immer wieder brachten Kinder von Spaziergängen oder von zu Hause Dinge mit, die sie schön fanden: Steine, Knöpfe, Rindenstücke usw. Es hatte sich eingebürgert, dass diese Dinge auf einem ganz bestimmten Platz im Gruppenraum abgelegt wurden. Mit der Zeit war eine stattliche Sammlung zustande gekommen, aber es wirkte unübersichtlich und war für die Kinder auch nicht so interessant, dass sie öfter damit gespielt hätten. Was die Kinder jetzt brauchten (und ganz offensichtlich selbst nicht entwickeln konnten: Aufgabe der Erzieherin!), war einerseits ein Stichwort, eine Bedeutung, um die herum sich Spiele entwickeln konnten, und andererseits die Form. Die Lösung: Aus einem Karton wird mit jedem Kind, das möchte, ein möglichst edles und schönes 'Schatzkästchen' gebastelt (mit der Zeit wollten alle). Darin sammeln und hüten die Kinder jetzt seit Wochen ihre Schätze, sie werden gezeigt und verglichen. Es ist immer wieder überraschend, wie verschieden die Dinge sind, die Kinder schön finden und was sie dazu erzählen. Wie sich das Thema weiterentwickeln wird, weiß niemand; möglicherweise gibt es bald eine Schatzinsel mit einem geheimen Plan oder Piraten mit einem Schiff oder Räuber. Vielleicht gibt es auch ein Schloß und eine Prinzessin, die ein Schatzkästchen geschenkt bekommt. Vielleicht wird ein Schmuckladen aufgemacht oder eine Ausstellung eröffnet. Es bleibt abzuwarten, was die Kinder machen, aber es ist gut, sich vorab mögliche Entwicklungslinien zu überlegen, um Anregungen und Material parat zu haben." (*Strätz* 1993, S. 98). ◀

Insbesondere die „Schatzkästchen" weisen jedoch darauf hin, dass es bei der sog. „situationsbezogenen" Gestaltung von Aktivitäten nicht nur um ein Stichwort für die Auswahl eines Themas gehen kann („Situation ist, wenn's schneit"), sondern dass Beobachtungen den gesamten weiteren Verlauf begleiten und steuern müssen. Beide Beispiele belegen zweitens, dass es nicht unbedingt Äußerungen von Kindern sein müssen, auf die eine Erzieherin zu warten und dann zu reagieren hat. Warum soll sie nicht Dinge aufgreifen, über die kein Kind geredet hat, die ihr aber bedeutsam erscheinen? Drittens wird deutlich, dass die pädagogische Antwort nicht immer spontan „aus dem Handgelenk" kommen muss; hier dauerten die Entwicklungen länger und ließen mehr Zeit zu Überlegungen. Viertens schließlich demonstrieren beide Episoden, dass es im Kindergartenalter weniger um „Beschäftigungen" oder Gespräche mit den Kindern geht, sondern meistens um Kinderspiele und dass die Erzieherin keine Lehrperson ist, sondern eher diejenige, die Ideen einbringt, Material, Raum und Zeit zur Verfügung stellt, aber sich dann auch zurückziehen kann. Es ist sehr die Frage, ob nicht der pädagogische Wert von belehrenden Aktivitäten im Kindergarten häufig überschätzt, die Bedeutung der Spielförderung dagegen meist unterschätzt wird.

▶ Ein Auslöser für die Einrichtung der „Naturspielecken" in einem Kindergarten war einerseits die Erfahrung der Leiterin, dass die Kinder in ihrem Wohngebiet kaum Gelegenheiten zu Begegnungen mit Tieren hatten, andererseits ihre Beobachtung, dass einige

Kinder auf Ameisen, die aus Ritzen zwischen Gehwegplatten hervorkamen, regelrecht Jagd machten. Dies waren übrigens dieselben Kinder, die so ergriffen den Geschichten von jungen Katzenbabies lauschten; es war also etwas falsch bei der Unterscheidung zwischen „niedlichen" Tieren und „normalen" oder „häßlichen". Statt es nun bei einer Gardinenpredigt wegen der Ameisenjagd bewenden zu lassen, begann die Leiterin über Möglichkeiten nachzudenken, wie Kinder sich im Spiel in das Leben von „ganz normalen" Tieren hineinversetzen und so vor deren Leben und Lebenswelt Achtung entwickeln könnten: In besonderen „Naturecken" wurden den Kindern Tierfiguren aus unterschiedlichem Material zusammen mit Ästen, Wurzeln, Moosen, Gräsern, Wasserbehältern aus Stein oder Ton, Früchten, Blättern und anderen Naturmaterialien angeboten und bald entstanden dort Behausungen, Höhlen und Wasserstellen; Tierfamilien verschiedener Gattungen lebten zusammen, Tierkinder wuchsen im Spiel auf. Die Voraussetzung dafür, dass sich solche Spiele entwickeln konnten, war allerdings, dass die Kinder vorher bei Waldspaziergängen selbst erlebt hatten, wie versteckt und geheimnisvoll das Leben mancher Tiere ist: Kleine Tiere verschwanden plötzlich im Laub, es raschelte hinter den Kindern, obwohl nichts zu erkennen war. Mit der Zeit wurde den beteiligten Erzieherinnen immer deutlicher, dass die Kinder die Naturspielecken als besonderen Ort auffassten und dass sie sich dort im Spiel wirklich in der Natur befanden (vgl. *Möcklinghoff-Vormweg & Strätz*, S. 29 ff.). Die veränderte Einstellung der Kinder zu Tieren hatte dann auch Konsequenzen für das, was im Außengelände geschah: Auf schutzbedürftige Tiere nahmen die Kinder von sich aus Rücksicht, Plätze zum Spielen unterschieden sie streng von Orten, die sie nicht betraten, um z. B. dort überwinternde Kleintiere nicht zu stören. ◀

Das Beispiel macht deutlich, dass es mit auslösenden und begleitenden Beobachtungen und einer bestimmten Zielvorstellung nicht getan ist: Mehreres muss ineinandergreifen und in seiner zeitlichen Aufeinanderfolge stimmen, damit Wirkungen eintreten können, die dann wiederum in ihren Konsequenzen für andere Räume und Zeiten bedacht werden müssen. (Das Beispiel zeigt übrigens auch sehr anschaulich, dass im Zusammenhang mit Spielpädagogik nicht nur die „klassischen" Bereiche wie die Sprachentwicklung oder das Sozialverhalten der Kinder, sondern selbstverständlich auch andere, wie z. B. die Ökologie, aufgegriffen und umgesetzt werden können.)

Eine ewige Versuchung für eine Erzieherin besteht darin, zwar von einer Beobachtung, d. h. einem Ereignis in der Gruppe auszugehen, ihre Aktivität dann aber mit eigenen Vorstellungen und Zutaten zu überfrachten. Dies gilt nicht nur für die Erzieherin, die sehnlichst auf das Stichwort wartet, um den Kindern den Vortrag halten zu können, den sie schon länger halten wollte. Es geht auch nicht immer so extrem zu wie bei einer Erzieherin, die die Frage eines Kindes: „Was war denn hier, als die Häuser und der Kindergarten noch nicht da waren?“ zum Anlass nahm, ihre Gruppe als Besucher in sieben Museen anzumelden.

Als die Fachberaterin in einen Gruppenraum kommt, sieht sie an einer Wand Papptafeln, auf die verschiedenfarbiges, zerknittertes Stanniolpapier geklebt ist. „Die Kinder finden das schön“, sagt die Erzieherin dazu. „Sie schauen sich das gern und lange an, offenbar interessiert sie das Spiel der Farben und der Lichtreflexe.“ Die Erzieherin hatte eine Gelegenheitsbeobachtung (vielleicht ein Stück Schokoladenpapier am Frühstückstisch) aufgegriffen und in einfacher Weise umgesetzt. Sie tat nicht mehr – und damit das Richtige.

Eine zweite Kurzschlussgefahr liegt darin, nicht nur zu hören oder zu sehen, mit welchen Themen oder Figuren sich Kinder beschäftigen, sondern gleich auch zu wissen, was daran für die Kinder wichtig ist:

Eine Erzieherin hört und stört zunächst, dass sich Kinder ständig gegenseitig den Inhalt von Krimiserien aus der Satellitenschüssel vorerzählen. Erst als sie nachfragt, erfährt sie, dass nicht, wie sie glaubte, die Schießereien für die Kinder interessant waren, sondern die spektakulären Sprünge mit Autos über Hindernisse hinweg. Das ließ sich in der Bauecke mit Spielzeugautos und Rampen aus Holz nachspielen; die Erzieherin gab den Anstoß, und die Kinder hatten nicht nur Gelegenheit, dem Publikum immer gelungenere Vorführungen zu bieten, sondern lernten viel über die Stabilität von Holzbauten und Eigenschaften von Fahrzeugen.

Ein Spiel oder eine Beschäftigung haben in der Regel nicht nur einen einzigen Anknüpfungspunkt, sondern mehrere:

Einer Erzieherin fällt als Störung auf, dass einige Kinder im Gruppenraum mit Spielzeugautos auf dem Boden herumfahren. Nicht nur das laute „Brumm, Brumm“ stört sie, sondern auch die entstehende Unruhe, von der andere Kinder nicht unbeeinflusst bleiben. Eine Verlagerung der Autospiele auf den Flur ist nur eine, aber nicht die wichtigste Maßnahme, die sie ergreift. Sie hört nämlich außerdem, dass in den zurückliegenden Sommerferien einige Kinder das Fahrradfahren erlernt haben. Sie nimmt deshalb ein (an mehreren Stellen sichtbares) Interesse der Kinder an Fahrzeugen, Rädern und Bewegungen an. Dieses greift sie in einem Projekt 'Rollende Räder' auf, dessen Ausgestaltung zu schildern hier zu weit führen würde. ◀

Manche, die Kindern nicht wirklich zuschauen, betrachten Kinderspiele als belanglose Viertelstundenepisoden. Zu beschreiben, was wirklich passiert, wenn sich „Spielprozesse“ entfalten können, ist eine mühsame Angelegenheit, die nur wenige auf sich nehmen. Eine der Ausnahmen sind die Beschreibungen in *Merker; Rüsing & Blanke*, die u. a. schildern, wie sich aus dem Einfall eines Kindes: „Eis zu verkaufen!“ über Wochen hinweg ein Spiel ausdifferenziert, das nicht nur einen „Kaufladen“, sondern nach und nach außerdem einen „Haushalt“, eine „Schreinerei“, eine „Geldfabrik“, einen „Müller“ und eine „Einfüllfabrik“ umgreift. Die fortwährende Aufgabe der Erzieherin bestand darin, ihre Beobachtungen des Geschehens und seiner Ausdifferenzierungen in Überlegungen zur weiteren Förderung des Spielprozesses umzusetzen (s. *Merker; Rüsing & Blanke*, S. 22-107). Die Aufteilung der Gruppe in Kleingruppen mit wechselnder Zusammensetzung, die sich in solchen Fällen zwangsläufig entwickelt, hilft der Erzieherin auch, sich aus der Rolle der dominierenden Figur zu lösen, die vorwiegend in Angeboten für die Gesamtgruppe denkt. Sie kann nicht überall gleichzeitig sein, sondern muss den Kindern zwangsläufig Gelegenheit geben, ihr eigenes Spiel zu entwickeln und ihre eigenen Erfahrungen zu machen. Allerdings kann und soll die Erzieherin mitverfolgen, ob die Zusammensetzung der Kleingruppen das Spiel fördert oder behindert: Ist zum Beispiel das Kind, das einen Vorgang schon gelernt hat, in der Lage, sein Wissen an die anderen weiterzugeben?

Die Zeiträume, in denen manchmal geplant werden muss und die Notwendigkeit, Abläufe in ihrer Aufeinanderfolge festzulegen, zeigt auch das nächste Beispiel. Wieder ist „Situationsbezug“ kein reaktives Eingehen auf unvorhergesehene Entwicklungen, sondern Teil einer Analyse der Situation in den Gruppen:

▶ „Nach wenigen Wochen spürten und erlebten wir, dass sich Vorurteile gegenüber Ausländern auf die Kinder übertrugen. Entsetzt waren wir über Äußerung wie: 'Türken, die hasse ich!' Um diesen Entwicklungen frühzeitig entgegenzuwirken, entstand die Idee eines Rahmenthemas 'Wir sind Kinder einer Erde' mit dem Höhepunkt eines gemeinsamen Festes. Wir wollten damit nicht nur erreichen, dass sich die ausländischen Kinder, besonders die sechs Kinder der Asylbewerber, bei uns wohlfühlten. Wir mussten auch das Interesse der deutschen Kinder für fremde Länder, Lebensweisen und Kulturen wecken und fördern und auf dem

Weg über die Kinder schließlich die Eltern und Familien, deutsche wie ausländische, erreichen. Unsere „Reise um die Welt" sollte als Lernchance für alle, Kinder wie Erwachsene, Ausländer wie Deutsche, gesehen werden... Der Versuch, die Familien miteinander ins Gespräch zu bringen, setzte voraus, dass wir vorher mit den Kindern die Vielfalt von Ländern und Lebensweisen entdeckt und erforscht hatten. Damit wir dies mit der notwendigen Sachkenntnis und Sicherheit tun konnten, mussten wir uns davor über unsere eigenen Einstellungen, unser Wissen und Nichtwissen klargeworden sein. Außerdem war im Team zu überlegen, wo in unserer Situation die Anknüpfungspunkte für Gespräche und Unternehmungen mit den Kindern lagen... Den situativen Anknüpfungspunkt für die erzieherische Arbeit in den Gruppen fanden wir darin, dass schon seit der Eröffnung Kinder aus sieben Nationen unsere Einrichtung besuchten. Diese Länder würden wir auf unserer Reise besuchen." (*Thorun*, S. 45). ◀

Beobachtungen als Grundlage erzieherischer Arbeit sind der Abschied von der Planung von der Stange, von der Schablone und von falscher Sicherheit. Es gab ein Kindergartenteam, das probeweise mehrere Wochen lang alles, was irgendwie möglich war, in das Außengelände verlegte, um beobachten zu können, was draußen geht und was nicht, was für Kinder interessant ist und wie sich Spielformen draußen anders gestalten als drinnen; bei Auswertungsgesprächen im Team wurde anschließend eine neue Balance zwischen drinnen und draußen gesucht. Es gab die Leiterin, die den Gärtner bat, vier Pfähle in den Rasen zu schlagen, um beobachten zu können bzw. um sich von dem überraschen zu lassen, was die Kinder daraus machten: Nicht nur Buden wurden gebaut, die Pfähle dienten auch als Masten eines Schiffs, als Endstation einer Seilbahn, als Hindernisse eines Dreiradparcours oder als Eingangstor. Neugier der Erzieherinnen und ihre Bereitschaft, sich auf solche offenen Situationen einzulassen, machen das Leben in der Einrichtung lebendiger. Für die Kinder ist ungeheuer wichtig, dass ihre Ideen gewürdigt und aufgegriffen werden.

Ein schablonenhafter Ratgeber würde einer Erzieherin z. B. einreden, es genüge zu wissen, dass die Eingewöhnungszeit von Kindern im Durchschnitt nach sechs Wochen abgeschlossen sein sollte. Die gewissenhafte Erzieherin wird sich darauf nicht verlassen, sondern bei jedem Kind fortlaufend beobachten, wie der individuelle Eingewöhnungsprozess jeweils verläuft. Entwicklungspsychologie ist hilfreich, solange sie unter Kontrolle bleibt.

Beobachtungen als Erfolgskontrolle erzieherischer Arbeit sind manchmal ernüchternd für die Erzieherin, die so viel erreichen wollte. Aber es geht im Kindergarten nicht darum, nur nett zu den Kindern zu sein. Es geht um den pädagogischen Auftrag, um individuelle Förderung von Kindern in einem besonders wichtigen und sensiblen Lebensabschnitt. Wenn Ziele wie die Förderung von Selbstständigkeit, Ausdrucksvermögen und Ausdrucksfreude oder partnerschaftliches Zusammenleben nicht für Sonntagsreden reserviert sein sollen, dann muss im Alltagsleben der Gruppe beobachtet werden, was erreicht wurde und was noch nicht.

Eine Hoffnung auf Folgerungen soll noch erwähnt werden: Je länger und genauer eine Erzieherin Kinder beim Spiel beobachtet, desto besser kann sie die Welt erfassen, in der diese Kinder leben. Ihr Verständnis für diese Altersstufe kann wachsen, vielleicht auch ihre Sympathie für die Kinder und die Achtung vor ihren Nöten und Problemen.

6. Zusammenfassung: Beobachtung als erzieherische Haltung

'Beobachtung' wurde nicht als technisches Hilfsmittel geschildert, zu dem die Erzieherin in außergewöhnlichen Situationen greift und bei dem besonderes Material wie z. B. Eigenschaftslisten, Symptomfragebögen oder Einschätzskalen verwendet werden muss. Statt dessen wurde versucht, Beobachtung als tägliches, alltägliches Geschehen zu beschreiben, das einer erzieherischen Haltung entspricht, die sich so kennzeichnen lässt:

- Die Erzieherin interessiert sich für das Geschehen in ihrer Gruppe. Sie will wissen, was die Kinder tun und wie sie es tun.
- Sie gibt sich mit allgemeinen, pauschalen Eindrücken nicht zufrieden. Sie will möglichst detailliert erfassen, welchen Verlauf die Ereignisse in der Gruppe nehmen.
- Sie versucht, an den Kindern ihrer Gruppe fortlaufend neue Züge zu entdecken, die ihr bisher nicht aufgefallen sind. Sie versucht, die fortlaufende Entwicklung der Kinder mitzuverfolgen.
- Sie bemüht sich, bei aller Konzentration auf eine bestimmte Aktivität auch einen Blick für das zu haben, was um sie herum in der Gruppe sonst noch passiert.
- Sie hält sich mit direkten Eingriffen zurück, so lange es geht. Sie verfolgt dabei das Ziel, dass die Kinder ihren Weg zunehmend selbständig gehen, unter der Beobachtung und Begleitung ihrer Erzieherin. Sie registriert die kleinen Schritte, die Kinder auf dieses Ziel hin machen.

- Sie glaubt nicht, dass sich Beobachtungen auf besondere Anlässe, ‘Problemkinder’ oder ‘Notfälle’ beschränken sollten. Wenn sie das alltägliche Geschehen schnell und sicher registrieren und einordnen kann, wird sie solche besonderen, zugespitzten Situationen mit mehr Aussicht auf Erfolg angehen können.

- Sie ist skeptisch, dass technische Hilfsmittel wie Aufzeichnungsraster und Fragebögen von allein und vollautomatisch die Angaben liefern, die sie für ihre Arbeit braucht. Sie begreift die kritische Prüfung und evtl. Verwendung solcher Hilfsmittel als Teil ihrer gedanklichen Auseinandersetzung mit einem Problem.

- Sie ist überzeugt, dass die wichtigsten Hilfsmittel der Beobachtung in ihr selbst liegen: Der *Blick* für die aufschlussreiche Situation oder die unvermutete Entwicklung, das *selbstkritische Bemühen*, den bisherigen Eindruck immer wieder zu korrigieren und in Frage zu stellen, die *sprachliche Fähigkeit*, das Gesehene und die verfügbaren Hintergrundinformationen treffend wiederzugeben.

- Sie sucht das Gespräch mit Kolleginnen, Beratern, Kindern und Eltern, um den eigenen Blick- und Standpunkt formulieren zu lernen und um mögliche Folgerungen und Vorgehensweisen zu diskutieren.

Literaturverzeichnis

Bichsel, Henßler, Hollerbach, Lippert & Wendle: Was und womit spielen Kinder? – Beobachtungen zum Gebrauch von Spielmaterial im Kindergarten. Kindergarten heute, 1974, 116-122

Bleckmann, R.: Soziales Verhalten im Kindergarten – die Praxis der kleinen Schritte. Freiburg 1984

Brecht, B.: Wenn Herr K. einen Menschen liebte. In: Suhrkamp Verlag in Zusammenarbeit mit Elisabeth Hauptmann (Hrsg.): Bertold Brecht. Gesammelte Werke Band 12, Prosa 2. Frankfurt am Main 1967, S. 386

Bronfenbrenner, U.: Die Ökologie der menschlichen Entwicklung. Stuttgart 1981

Fite, M. D.: Aggressive behavior in young children and children's attitudes toward aggression. Genetic Psychology Monographs, 1940, 22, 151-319

Hansen, W.: Die Entwicklung des kindlichen Weltbildes. 2. Aufl., München 1949

Haucke, K.: „Versteh mich, bevor du mich erziehst – Anregungen zur bewußten sozial-emotionalen Erziehung im Kindergarten. Sozialpädagogische Blätter,1986, 37,1-5

Haucke, K.: Chancen der Altersmischung im Kindergarten – sozialpsychologische Untersuchungen und Anregungen für Erzieher. Köln 1987

Heck, R.: Systematisches Beobachten von Kindern in der Gruppe. Erfahrungsbericht über ein Fortbildungskonzept für Erzieherinnen im Kindergarten. Unsere Jugend, 1982, 34, 115-122

Jauss, S.: Hinweise zur Spielbeobachtung im Kindergarten. Kindergarten heute, 1974, 99-103

Just, H.: Beobachtungshilfen für Erzieher. Kindergarten heute, 1980, 147-150.

Kazemi-Veisari, E.: Sieben blinde Mäuse. Wie Beobachtung zur Beachtung von Kindern wird. In: Theorie und Praxis der Sozialpädagogik, 4/97, S. 195-198

Lichtenstein, J.: Fragebogen zu psychologischen Ermittlungen im Kindergarten. Zeitschrift für Pädagogische Psychologie, 1919, 20, 315-327

Mansfield, K.: Etwas Kindliches, aber sehr Natürliches. Fischer-TB Nr. 5720, Frankfurt 1983

Merker, H.; Rüsing, B. & Blanke, S.: Spielprozesse im Kindergarten. München 1980

Ministerium für Arbeit, Gesundheit und Soziales des Landes Nordrhein-Westfalen (Hrsg.): Arbeitshilfen zu Planung der Arbeit im Kindergarten, 2. Aufl., Köln 1986 (zit. als Arbeitshilfen)

Möcklinghoff-Vormweg, R. & Strätz, R.: Natur und Kinderspiel. Köln, Sozialpädagogisches Institut des Landes NRW (SPI), 1991

Peppel, I.: Elternbrief Nr. 4 – Große und Kleine in der Gruppe. In: Diakonisches Werk Bremen e.V. (Hrsg.): Informationen für Eltern, Ausgabe 4. Bremen, o.J.

Richards, T. W. & Simons, M. P.: The Fels child behavior scales. Genetic Psychology Monographs, 1941, 24, 259-309

Schepping, J.: Verhaltensstörungen im Kindergarten, Hort und Heim. 5. Aufl., Donauwörth 1980

Schmaus, M. & Schörl, M.: Die sozialpädagogische Arbeit der Kindergärtnerin. 4. Aufl., München 1973

Stern, W.: Psychologie der frühen Kindheit. 10. Aufl., Heidelberg 1971

Strätz, R.: Erziehung planen ohne Plan? In: S. Ebert (Hrsg.): Mit Kindern leben im gesellschaftlichen Umbruch. München, Wien 1992, 90-100

Thomae, H.: Beobachtung und Beurteilung von Kindern und Jugendlichen. 10. Aufl., Basel 1971

Thorun, I.: Sterne leuchten für alle – Auf dem Weg zum Verständnis und Miteinander von Ausländern und Deutschen. KiTa aktuell NW, 1993 (3), 45-47

Timäus, E. & Lück, H. E.: Sozialpsychologie der Erziehung. Neuwied 1976

Utz, K: Beobachtung von Kindern in der Kindergartengruppe. Kindergarten heute, 1986 (3), 110-112

Verlinden, M.: Mädchen und Jungen im Kindergarten. Köln, Sozialpädagogisches Institut des Landes NRW (SPI), 1991

Verlinden, M. & Haucke, K.: Einander annehmen – Soziale Beziehungen im Kindergarten: Ziele und Anregungen für Erzieher. 2. Aufl., Köln,1990

Wright, H. F.: Recording and analyzing child behavior. New York 1967

Synonymwörterbücher

Bauer, Bernhard: Ullstein Synonymen Lexikon. Ullstein-TB Nr. 34080

Duden, Band 8: Sinn- und sachverwandte Wörter und Wendungen-Wörterbuch der treffenden Ausdrücke. 2. Aufl., Mannheim 1986

Duden-Taschenbücher, Band 2: Wie sagt man noch? Mannheim, o.J.

Textor, A. M.: Sag es treffender. rororo-TB Nr. 6031

Die AutorInnen

Helga Demandewitz, Dipl.-Pädagogin, Zusatzausbildung in systemischer Therapie und Supervision. Wissenschaftliche Begleitung von Projekten des Sozialpädagogischen Instituts NRW und des Deutschen Jugendinstituts im Bereich Kindertageseinrichtungen. Freiberufliche Tätigkeit in der Fortbildung, Beratung und konzeptionellen Begleitung sozialpädagogischer Fachkräfte. Zahlreiche Veröffentlichungen zu verschiedenen Themen der Elementar-Pädagogik. Systemische Beratung für Paare, Familien und Teams.

Dr. Rainer Strätz, Dipl.-Psychologe, Leiter der Abteilung I („Kinder") im sozialpädagogischen Institut NRW und stellvertretender Institutsleiter. Bisherige Arbeits- und Publikationsschwerpunkte: Soziale Beziehungen in Kindergartengruppen, Entwicklung des Sozialverhaltens vor dem Schuleintritt, Beobachten in der erzieherischen Praxis, ökologisch bewusste Pädagogik, Weiterentwicklungen der Angebotsstruktur von Tageseinrichtungen für Kinder, Zusammenarbeit von Schule und Praxis in der Ausbildung von Erzieherinnen und Erziehern.

Renate Militzer / Helga Demandewitz / Regina Solbach

Tausend Situationen und mehr!

Die Tageseinrichtung – ein Lebens- und Erfahrungsraum für Kinder

hrsg. vom Sozialpädagogischen Institut NRW – Landesinstitut für Kinder, Jugend und Familie

Pädagogisches Handeln in Tageseinrichtungen vollzieht sich in einem Spannungsfeld vielfältiger, oft widersprüchlicher Erwartungen. Zu den Erwartungen an sich selbst als Erzieherin kommen die des Trägers, der Kinder und der Eltern. Darüber hinaus sind wissenschaftliche Erkenntnisse und Diskussionen sowie gesellschaftliche Veränderungen in der Arbeit zu berücksichtigen. In diesem Arbeitsfeld muß die Erzieherin Entscheidungen treffen, muß aus einer Vielzahl von Handlungsmöglichkeiten auswählen und sie begründen, wird dazu von außen kritisch hinterfragt.

Mit dem situationsbezogenen Ansatz liegt den Kindergärten in Nordrhein-Westfalen bereits seit vielen Jahren eine Gesamtkonzeption für die pädagogische Arbeit vor. Ein wesentliches Prinzip für die Planung und Gestaltung der pädagogischen Arbeit ist die Orientierung an der Lebenssituation, den Bedürfnissen, Interessen und Erfahrungen der Kinder.

Das vorliegende Buch ist in enger Zusammenarbeit mit Erzieherinnen und Erziehern entstanden. Es will pädagogischen Fachkräften Anregungen für die praktische Arbeit sowie Impulse für die Aus- und Weiterbildung geben. Neben theoretischen Ausführungen werden die einzelnen Arbeitsschritte einer situationsbezogenen Arbeit anhand von Beispielen und mit Hilfe erprobter Arbeitsschemata dargestellt.

Bibliographische Daten:
1999, 328 Seiten, 29,80 DM, ISBN 3-933158-12-5, Best.-Nr. 212